LA CASA INGLESA: FUNCIÓN, FORMA Y MITO

Una revisión del modelo funcional

Manuel de Prada
Profesor de Composición Arquitectónica en la Escuela
Técnica Superior de Arquitectura de Madrid

de Prada, Manuel
    La casa inglesa: función, forma y mito : una revisión del modelo funcional . - 1a ed. - Buenos Aires : Nobuko, 2011.
    192 p. : il. ; 205×145 cm. - (Textos de arquitectura y diseño)

    ISBN 978-987-584-330-1

    1. Arquitectura . 2. Diseños. 3. Modernidad. I. Título
    CDD 720

Textos de Arquitectura y Diseño

Director de la Colección:
Marcelo Camerlo, Arquitecto

Diseño de tapa:
Liliana Foguelman

Diseño gráfico:
Karina Di Pace

Manuel de Prada

La casa inglesa: función, forma y mito

ÍNDICE

INTRODUCCIÓN

La posibilidad de conseguir una arquitectura estrictamente funcional, aceptada en las primeras décadas del siglo **XX**, procede del siguiente argumento: en arquitectura, al igual que ocurre en la naturaleza, la forma sigue (o debe seguir) a la función. El soporte material de dicho argumento fue la tradicional casa inglesa, pues algunos pensaron que se generaba libremente desde dentro hacia fuera, al igual que los órganos y los organismos, atendiendo exclusivamente a los usos.

El argumento resultó ser tan ilusionante, que impedía reparar en lo evidente, esto es, en que la casa no es un ser vivo sino un producto artificial, en que los órganos y los organismos no crecen libremente desde dentro hacia fuera y en que la teoría evolucionista de Lamarck había sido corregida por la de Darwin, la cual sostiene, en todo caso, que la función sigue a la forma.

El argumento resultó ser, más bien, una fe; una verdad deslumbrante e indiscutible que oscurecía los estudios sobre la regularidad de los seres vivos realizados por Semper y Haeckel y convertía en insignificante la relación entre arquitectura y regularidad.

La arquitectura vernácula inglesa, además, fue utilizada ideológicamente por algunos historiadores y arquitectos para justificar la supremacía de lo inglés frente a lo continental. Los ingleses, como es natural, se adjudicaron la libertad, dejando para los franceses el formalismo y la despótica autoridad. Para aquéllos que defendían desde Inglaterra los valores medievales y el gusto por lo pintoresco, el clasicismo era un estilo agotado; un estilo *antieconómico*, *público*, *ostentoso* y *poco confortable* que debía ser sustituido por otro estilo que fuera auténticamente inglés y, por tanto, *económico*, *discreto* y *confortable*. Desde aquella posición sentimental, la casa de campo se convirtió en un modelo de funcionalidad. La irregularidad y la estructuración aditiva de sus piezas pasaron a representar, frente la regularidad y autoridad clasicista, sinceridad y honestidad.

La casa de campo medieval, es cierto, carecía de las limitaciones que la regularidad imponía a la villa clasicista. La irregularidad y la organización aditiva eran sus aspectos más llamativos. Pero no respondían tanto a los usos, como a la necesidad de conciliar distintos órdenes de acontecimientos.

La irregularidad de la casa señorial medieval no respondía a necesidades utilitarias, sino a la necesidad de representar los significados y los acontecimientos que daban sentido a la vida del *señor* en el campo.

En las primeras décadas del siglo XIV, dos tipos residenciales muy diferentes, el sajón y el normando, se unieron para conciliar dos modos de vida. Se ensayaron distintos montajes. Pero el montaje que definitivamente se impuso, dando lugar a un nuevo tipo, era poco funcional. La cocina estaba situada en el lugar más alejado de la mesa del *señor*, por ejemplo.

Las características formales del nuevo tipo, entre las que destaca la irregularidad, estaban condicionadas por la posibilidad de celebrar ceremonias y de expresar, gracias a ellas, el papel que a cada uno le correspondía en sociedad. Entre aquellas ceremonias se encontraban la recepción de los invitados, el ritual del comienzo de las comidas (con la procesión de sirvientes y el inicio de la música), la retirada de la mesa (*void*) y la retirada del *señor* después del banquete, bien a una habitación en la planta alta (*solar*) o bien a una sala contigua (*parlour*) para conversar con sus principales invitados.

Ni el nuevo tipo ni las ceremonias domésticas surgieron de la nada. Eran la adaptación de los rituales religiosos al nuevo escenario. El *señor* de la casa, como el sacerdote en la iglesia, representaba al Señor.

Ocurrió que la visión pintoresca que se tenía en el siglo XIX de la casa medieval ocultó la importancia del ritual en la configuración y la estabilización de las formas. Se pensaba que la representación era irrelevante, lo cual se puede comprender porque los estudios sobre la arquitectura inglesa medieval son relativamente recientes. De hecho, cuando Robert Kerr y los defensores de la libre arquitectura inglesa relacionaron la arquitectura moderna con la arquitectura medieval, y ésta con determinados valores morales e ideológicos, no pensaron en el tipo medieval real, que prácticamente desconocían, sino en un modelo medieval idealizado de acuerdo con la sensibilidad pintoresca. Éste era un modelo que compartía con el tipo real la organización aditiva de las piezas y cierta irregularidad, pero que no se configuraba a partir de un gran espacio direccional (*hall*), como las casas del siglo

XIV, sino que lo hacía libremente y podía crecer, además, como si
fuera una planta trepadora.

Sólo los arquitectos del siglo XIX más comprometidos con la tradición, como Norman Shaw y Edwin Lutyens, conocían de primera mano
las casas señoriales del siglo XIV, por lo cual pudieron disponer libremente de aquellos conocimientos para proyectar sus residencias.

Los arquitectos identificados con los ideales de la *arquitectura libre
inglesa* y con la sensibilidad pintoresca, por el contrario, preocupados
por los principios morales defendidos por Pugin, Ruskin y Morris, sólo
pudieron orientar sus proyectos hacia el modelo idealizado. No importaba que fuera vago e impreciso, pues dichas condiciones permitían
que se le adjudicaran los más variados atributos. Y así, al igual que el
caballero inglés, el modelo idealizado fue considerado discreto,
honesto, práctico, razonable, privado, libre y funcional, esto es, un
modelo que respondía a una forma de vida virtuosa y que se podía
enfrentar con ventaja a las frías, regulares, públicas, ostentosas,
deshonestas y poco funcionales composiciones clasicistas.

La justificación del modelo medieval idealizado se convirtió así en
una suerte de mito entre algunos historiadores y arquitectos, en una
narración fabulosa que refería los acontecimientos presentes a un
mundo pasado y mejor en el cual reinaban la libertad, la autenticidad,
la honestidad y la funcionalidad.

Aceptando esta relación sentimental entre medievalismo y modernidad, algunos arquitectos pudieron sentirse libres y originales sin
tener en cuenta el origen. Pero los arquitectos con menos prejuicios
ideológicos se encontraron con que podían disponer de tres modelos
diferentes para proyectar sus residencias. Estos eran los dos modelos
medievales, el real y el idealizado, más el modelo clasicista heredado
de Palladio. Para los arquitectos sin prejuicios, el modelo clasicista,
implantado en Inglaterra desde hacía 2 siglos, era tan inglés como el
medieval, ya fuera real o idealizado.

En ocasiones, el cliente podía imponer al arquitecto un modelo de
acuerdo con su gusto personal. Pero otras veces los arquitectos sin
prejuicios pudieron integrar en una sola composición los distintos
modos y modelos que coexistían en Inglaterra.

Esta actitud, sin embargo, no fue comprendida por los ideólogos de la arquitectura libre y funcional, como Muthesius, quien pasó serios apuros para justificar el hecho de que algunos arquitectos calificados por él mismo como *pioneros de la arquitectura moderna*, aceptaran unas veces el *absurdo hall medieval* (antieconómico, ostentoso y antifuncional) y otras, el *frío abrazo del clasicismo*. Muthesius nunca pudo entender que su admirado Norman Shaw se esforzase tanto en reunir, como si se tratara de un juego, las distintas formas y modelos que le proporcionaba la tradición, pues las formas que resultaban de aquellos juegos no eran ni clasicistas ni medievales, sino una especie de montajes difíciles de clasificar.

Lo más curioso de esta historia, es que algo muy parecido había ocurrido antes en Inglaterra, cuando el tipo medieval entró en contacto con el orden y la regularidad de las formas que llegaban del continente.

En el siglo XVI, los constructores se vieron obligados a conciliar el orden que procedía de Italia con las complejas distribuciones interiores heredadas de la tradición medieval. El resultado fue, de nuevo, la construcción de curiosos montajes y la aparición de nuevos tipos residenciales. Barrington Court, por ejemplo, podría representar el nuevo tipo en forma de "E" que logró conciliar una envolvente exterior regular con la irregularidad del tipo medieval.

Las singulares características de las residencias isabelinas, la ausencia de ornamentación en el exterior, el desarrollo en altura, las grandes superficies acristaladas y las cubiertas planas transitables (en un país tan lluvioso como Inglaterra), fueron también el resultado de los encuentros forzosos entre las formas, los usos y los significados pertenecientes a mundos diferentes. Los isabelinos querían una arquitectura nueva y moderna pero sin renunciar a las formas y usos tradicionales, algo que sólo pudieron conseguir superponiendo las formas y los modos clasicistas a los propios.

Los montajes del siglo XVI se pueden comparar a los del XIX, pues ambos intentaron reunir en una misma obra los aspectos más significativos de los mundos medieval y clasicista. Los contextos y los procesos, sin embargo fueron muy diferentes.

En el siglo XVI, las tradiciones medievales estaban muy vivas en Inglaterra, lo cual contribuyó a que las novedosas imágenes que llegaban del continente no fueran completamente comprendidas. Puesto que las residencias se construían por partes en Inglaterra, los modelos que presentaban los tratados italianos no se entendieron como formas completas y unitarias, realizadas de una vez, sino como formas que se podían descomponer en aspectos tales como "orden de la fachada", "remate horizontal", "acceso principal en el eje" y "envolvente regular". Éstos fueron algunos de los aspectos que, separados de su contexto y conjugados con las complejas distribuciones medievales, dieron lugar a nuevas experiencias formales y, finalmente, a unas residencias singulares que algunos historiadores consideraron *extrañamente modernas.*

Pero en el siglo XIX, ocurrió aproximadamente al revés. Las formas clasicistas habían sido completamente asimiladas, y fueron las formas pintorescas (de los antiguos *castles*, *cottages* y *manor houses*) las que se mezclaron con ellas para concederles actualidad. En el siglo XIX Palladio era el juego, pero no el único juego.

En ambos momentos históricos, sin embargo, montar, superponer y mezclar los modelos requería un gran ingenio, y el ingenio, como advirtió Pevsner con cierta ironía, era algo muy valorado por la clase alta inglesa.

Los montajes que se produjeron en uno y otro siglo, de hecho, pueden ser comparados con los juegos formales ingeniosos que usaban los ingleses de clase alta para mostrar su ingenio en sociedad, para mostrar a los demás su capacidad para resolver problemas difíciles y, por extensión, el derecho a mantener sus privilegios y gobernar el país.

En cualquier caso, la tensión que resultó de enfrentar distintos órdenes de cosas permitió que las formas renovaran sus significados.

Ésta fue, quizás, la lección peor aprendida por los ideólogos de la estricta funcionalidad.

Una cuestión de método

Tenía usted razón. Cualquier dato se vuelve importante cuando se lo conecta con otro. La conexión modifica la perspectiva. Induce a pensar que todo aspecto del mundo, toda voz, toda palabra escrita o dicha no tiene el sentido que percibimos, sino que nos habla de un secreto. El criterio es simple: sospechar, sospechar siempre. Se puede leer entre líneas incluso una señal de dirección prohibida.

Umberto Eco en *El Péndulo* de Foucault.

Esta historia es una historia de monstruos promisorios; una historia de mestizajes y montajes, tanto físicos como conceptuales. De acuerdo con ello, se presenta fragmentada y se puede leer en cualquier orden. Puede leerse, por ejemplo, en orden cronológico. El orden de las partes, en este caso, es el siguiente:

1. *El modelo medieval inglés: la mansión del siglo XIV.* Es la parte dedicada al análisis de la mansión medieval de acuerdo con las relaciones establecidas entre las formas, los usos y los significados. En ella se analiza el papel del montaje en la evolución de las formas y se propone un modelo evolutivo, distinto al finalista, para las formas arquitectónicas.

2. *La mansión del siglo XVI.* Es la parte dedicada a la evolución del tipo medieval condicionado por la necesidad de un aspecto exterior regular. Analiza la adecuación del tipo a las grandes residencias con patio interior, la tendencia hacia la simetría de las residencias sin patio, las experiencias formales que dieron lugar a las grandes residencias isabelinas y el papel de los *devices* en la composición.

3. *Dos interpretaciones del modelo medieval.* Es la parte dedicada a explicar la relación entre el modelo medieval ideal y la arquitectura libre inglesa. Expone cómo se debían planificar las residencias en el siglo XIX y se centra en la difícil conciliación entre las formas, los usos y los significados asociados a la casa del caballero inglés en el campo. Las interpretaciones de Robert Kerr y Hermann Muthesius sirven de referencia.

4. *Las experiencias de los pioneros.* Es la parte dedicada a la vuelta al orden de la arquitectura *eduardiana*, a la incorporación a la arquitectura doméstica del modelo idealizado y a los conflictos que tuvieron que superar los *pioneros* de la arquitectura moderna.

No es éste, sin embargo, el orden que aquí se presenta. El orden de esta historia comienza en el siglo XIV, continúa en el XIX, retrocede al XVI y termina en los últimos años del XIX y los primeros del XX. Éste es un orden ajeno al tiempo y la causalidad, pero no es un orden caprichoso: los saltos temporales se encuentran condicionados por la necesidad de conectar acontecimientos diferentes pero con profundas conexiones.

La ruptura del orden temporal no pretende tanto demoler el mito de la pura funcionalidad como desvelar las relaciones entre acontecimientos. Pretende poner de manifiesto un orden de relaciones situado más allá de los acontecimientos. Se confía en que el contenido de la narración (o el *objeto* de la narración) aparezca entre las partes escritas. ¿Por qué no buscar el contenido entre la historia y el mito, entre las condiciones del contexto y de la estructura, entre las formas temporales y las intemporales?

El problema es que la historia se suele confundir con la verdad y que aquello que tiene el mito de verdad no es lo que dicen las palabras del mito.

La historia se caracteriza por el rigor, la coherencia y la necesidad con que presenta los acontecimientos. En la historia, todos los acontecimientos deben ocupar su lugar. Pero la causalidad y la necesidad son también aspectos de un hablar figurado, de un hablar que alude a hechos pasados e irrepetibles (diacrónicos) al tiempo que se sujeta a una estructura (sincrónica).

Lévi-Strauss, en relación con este problema, se preguntaba lo siguiente: *¿cuando intentamos hacer historia científica hacemos acaso algo científico o también adaptamos a nuestra propia mitología esa tentativa de hacer historia pura?* A modo de respuesta, señaló que los individuos que reciben en herencia un relato de la mitología, o de la tradición de su propio grupo, rehúsan escuchar una versión diferente. No estoy muy lejos de pensar, escribió, que en nuestras sociedades la historia sustituye a la mitología y desempeña la misma función: asegurar, con un alto grado de certeza, que el futuro permanecerá fiel al presente y al pasado. *La distancia que existe en nuestra mente entre mitología e historia quizás pueda reducirse cuando el estudio de la historia se conciba unido a la mitología y como una continuación de ésta*, concluyó.

La historia no es una narración mítica, pues carece de algunas de las características esenciales del mito. La historia no habla de seres sobrenaturales, no se refiere al tiempo inmemorial de los orígenes y no sirve para actualizar o revivir acontecimientos trascendentes. Pero actúa como un mito cuando se acepta como una realidad objetiva.

Al afirmar que la estricta funcionalidad se ha convertido en una especie de mito, no se pretende negar el valor del mito como fundamento de lo real. La linealidad temporal y la estructura atemporal, a fin de cuentas, son también aspectos del mito.

Incluso los acontecimientos se encuentran condicionados por mitos. Los hechos revolucionarios, por ejemplo, por el mito de un retorno al origen. La revitalización del lenguaje clásico durante el Renacimiento y la recuperación de algunos modelos formales procedentes de Roma y Egipto durante el período inmediatamente posterior a la Revolución Francesa (de panteones y pirámides, en particular), muestran que el mito se impone fácilmente a la razón científica e ilustrada. Incluso el arte de las vanguardias ha sido interpretado como un retorno a la fuente primera de toda inspiración, como un retorno al *cero absoluto* de la creación, necesario para alcanzar los fundamentos de la originalidad.

También la arquitectura moderna depende del mito del artista *creador*. Pero las formas del artista y del artesano podrían encontrarse más próximas de lo que pensamos. Los montajes producidos por las vanguardias, por ejemplo, podrían ser la transposición al terreno de la estética de los montajes producidos mucho antes por los artesanos y los constructores. Quizás las formas del montaje sólo se revitalizaron cuando las formas que producía el artesano perdieron su actualidad. Quizás la *abstracción mítica* que llamamos arte ha extraído su legitimidad de una historia del arte igualmente mitológica.

Los acontecimientos históricos han ocurrido, es evidente, pero ¿dónde?, se preguntaba Lévi-Strauss. Cada episodio de una guerra, por ejemplo, se resuelve sólo en una multitud de episodios psíquicos

e individuales: el hecho en sí, sólo ocurrió en la mente de los comba-
tientes. Por consiguiente, continuaba el antropólogo, es el historiador
quien constituye el hecho histórico por abstracción y selección. Y
detrás del historiador, sin duda, se encuentra la Historia.

La historia pretende ser objetiva y conceder sentido a los acontecimientos situándolos en su contexto. Pero no puede conseguirlo plenamente pues, al igual que los productos del *bricoleur*, está compuesta
con fragmentos. El historiador, para configurar el acontecimiento, los
debe eligir, cortar y recortar de todo el material disponible. Si prescindimos de la abstracción y la selección, escribió Lévi-Strauss, descu-
briremos que la historia no ha ocurrido. Una historia que pretenda ser
completa sólo consigue anularse.

Pues bien, haciendo caso al antropólogo, esta narración pretende que
cada parte adquiera significado por su relación con las demás. Es una
especie de *bricolaje* que se fundamenta tanto en los acontecimientos,
como en las relaciones entre ellos.

Si la historia de la arquitectura moderna se encuentra afectada por
mitos que desvelan un aspecto de las cosas y ocultan los demás, esta
historia pretende mirar detrás de la historia. Si la historia de la arquitectura moderna, por ejemplo, afirma que la *Casa Roja* de Philip Webb
es el origen de la arquitectura moderna y funcional, esta historia
podría decir, sin referirse explícitamente a los hechos, que Philip
Webb no pretendía ser funcional, sino tradicional; que, en sintonía
con su amigo William Morris, pretendía actualizar las formas del
pasado y se oponía a la mecanización del trabajo. El comentario de
William Lethaby, *es la capacidad para incorporar los antiguos principios
a las nuevas circunstancias, distinguiendo y separando lo que no forma
parte del pensamiento de la época, el verdadero objetivo del arquitecto*
(A.A. 1889), explica muy bien las pretensiones de Webb.

Según el especialista en la arquitectura eduardiana Alastair Service,
Philip Webb recurría a las tradiciones y los materiales constructivos
vernáculos para lograr que sus casas armonizaran con su entorno. No
obstante, todavía es reconfortante pensar, de la mano de Pevsner, que
Philip Webb *nunca copió*. Es reconfortante pensar que fue *"pionero"*
de la arquitectura moderna y que la Casa Roja, al crecer desde dentro

hacia fuera sin las limitaciones de la *inútil simetría*, fue la primera casa funcional.

Necesitamos pioneros y héroes. De ahí que la historia de Pevsner, recreación de la historia contada por Muthesius, se siga recreando. De ahí que Peter Blundell añadiese a la historia que la configuración irregular de la *Red House* tuvo eco en las obras de Hans Scharoun y en las obras que Hugo Häring proyectó orgánicamente desde dentro hacia fuera.

La historia de la arquitectura moderna, al referir la funcionalidad a un origen, ya sea próximo, como la *Casa Roja*, o remoto, como la arquitectura medieval idealizada, continúa ilusionando y orientando. Pero a cambio tiende a ocultar el papel de la representación en el desarrollo de las formas construidas. Condicionada por la posibilidad de una funcionalidad al margen de la representación, presenta una visión parcial de los hechos. Aunque sea también representación, pretende que la representación es ajena a la forma.

Existen numerosos indicios que muestran la influencia de la historia fabulosa de la arquitectura funcional sobre historiadores y arquitectos. Baste un ejemplo. En el año 1929, Le Corbusier dibujó cuatro esquemas ideales para componer residencias basándose en sus proyectos. El primero, basado en la casa La Roche-Albert Jeanneret, presenta una forma libre y aditiva en la cual cada parte *surge al lado de la otra según una razón orgánica*. El interior, escribió Le Corbusier, *se acomoda empujando al exterior y da lugar a salientes diversos. Ésta es una composición que puede convertirse en atormentada si no se tiene cuidado, pero que puede ordenarse mediante la clasificación y la jerarquía.*

La idea que Le Corbusier pretendía expresar con el esquema de la *primera composición* es análoga a la que perseguían los ingleses con el modelo medieval idealizado. Lo prueba que el arquitecto escribió, al lado del esquema, la palabra *"pintoresco"*. Pero el esquema dibujado por Le Corbusier oculta aspectos de la composición, tanto o más significativos que la pintoresca irregularidad. Oculta que el esquema no representa una vivienda, sino dos: las casa para La Roche y la casa para Albert Jeanneret. Oculta que la forma irregular del edificio estaba condicionada por la parcela (el remate del extremo derecho no es ortogonal a la fachada

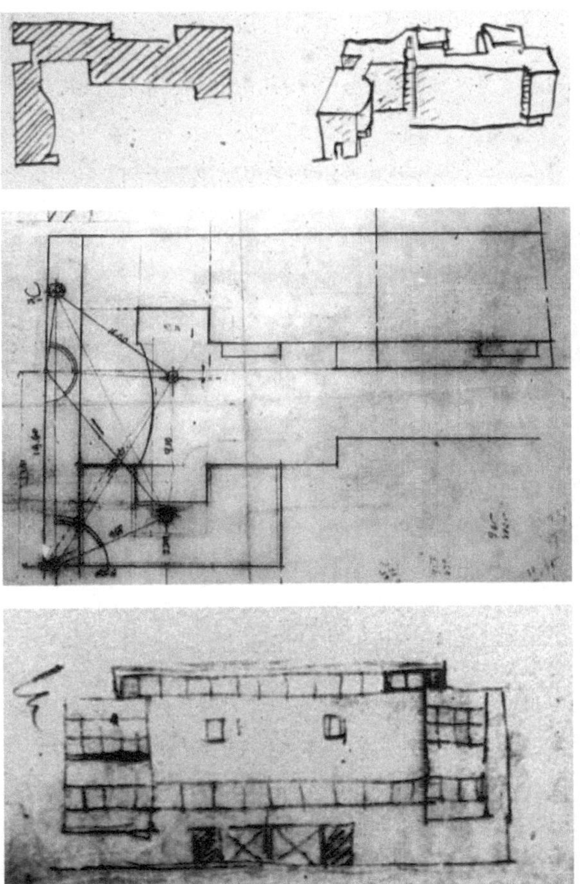

Le Corbusier. Esquema para la primera composición (1929).
Debajo, bocetos para las casas La Roche-Albert Jeanneret (1923).

principal, como lo dibujo Le Corbusier, sino oblicuo). Y oculta, ante todo, la importancia que tuvo la simetría en el diseño; una importancia que se aprecia en los croquis iniciales y en el proyecto finalmente construido. (Hoy *Fundación Le Corbusier*).

Si Le Corbusier hubiera incluido en su esquema las características reales del edificio no habría podido presentarlo ajustado al modelo idealizado. Era necesario que el esquema se adecuara a la fabulosa historia de la casa funcional.

Como ocurre con los mitos, lo que nos cuenta Le Corbusier no coincide con lo que su obra nos presenta. Si la residencia La Roche-Jeanneret fuera sólo significativa por su irregular configuración y porque su forma exterior es la consecuencia directa de las necesidades internas, las simetrías parciales que presenta deberían considerarse un error. Pero los croquis originales de Le Corbusier demuestran, sin dejar lugar a dudas, la importancia que concedió a la simetría en el diseño.

Le Corbusier también ocultó en el esquema de su *cuarta composición* el papel fundamental que jugó la simetría en la Villa Savoye. El esquema, presentado por el arquitecto como síntesis entre la *primera composición* (libre, pintoresca e irregular) y la *segunda* (ajustada a un prisma puro para satisfacer el espíritu) no dice nada de la simetría. Pero la Villa Savoye no se entiende sin ella.

Si atendemos sólo a los proyectos de Le Corbusier y prescindimos de lo que el arquitecto nos contó sobre ellos, veremos que son el resultado de referir el orden a la libertad, y viceversa. Le Corbusier había aprendido en la Acrópolis de Atenas que el Erecteión y el Partenón se necesitan.

El problema es que la visión mítica del Partenón que presenta la historia oculta la necesidad de que el Erecteión se encuentre a su lado. Es conveniente que nosotros, los arquitectos, meditemos sobre ello, escribió Le Corbusier. Y así lo aplicó a su arquitectura, aunque no a lo que contó sobre ella.

Quizás la dificultad de Le Corbusier para interpretar su propia obra al margen del mito sea también la dificultad de la historia para explicar la presencia del Erecteión al lado del Partenón; la dificultad, en definitiva, de hacer la historia al margen del mito.

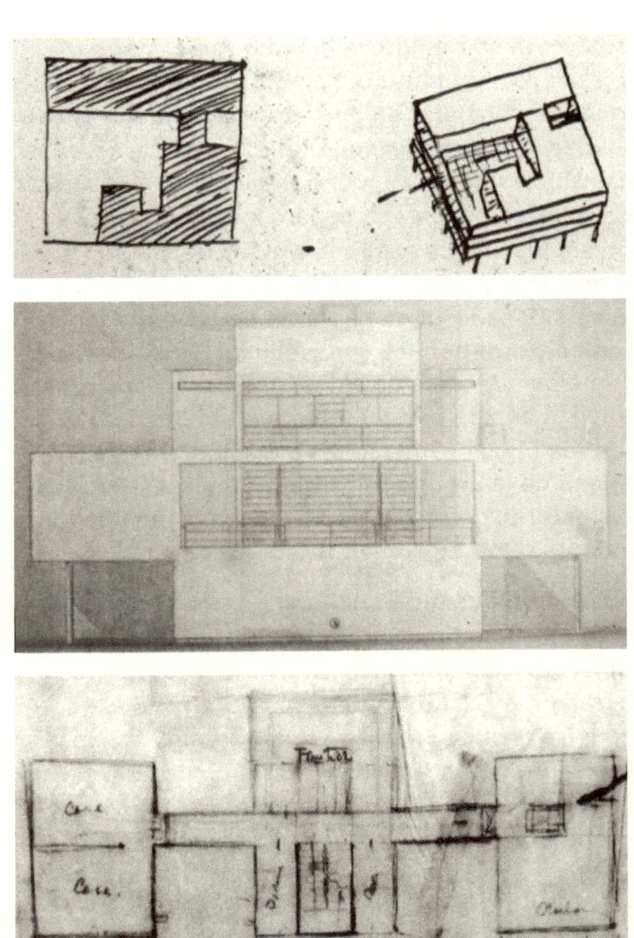

Le Corbusier. Esquema para la cuarta composición (1929).
Debajo, alzado y croquis de planta para la cuarta versión de la Villa
Savoye (Noviembre de 1928).

El problema es que, cuando el contenido de la historia se impone como una realidad objetiva, oculta paradójicamente aquello que pretende desvelar. Entonces se convierte en una especie de ideología al servicio de la única verdad. Las historias que refieren las características de los individuos exclusivamente a un origen de la nobleza, fuerza y pureza, por ejemplo, resultan ilusionantes, pero a cambio deben ocultar aquello que no encaja en sus esquemas. ¡Qué decepción descubrir, en el caso que nos ocupa, que el modelo de orden doméstico propuesto por Ruskin está basado en dos esferas de competencias, una doméstica y femenina y otra pública y masculina! ¡Qué decepción descubrir que los complejos sistemas de salas, pasillos y escaleras de las residencias inglesas del siglo XIX tenían por objeto separar los criados de los señores, los hijos de los padres y los hombres de las mujeres! La funcionalidad de la arquitectura victoriana, considerada al margen de la mítica historia, no se corresponde con la idea de funcionalidad que tenían Muthesius y Pevsner.

Al margen del mito, la lección que dio Palladio a los arquitectos ingleses no fue montar frentes de templos antiguos en sus residencias, aún siendo arriesgado el montaje. Tampoco utilizar la medida y los órdenes que caracterizaban la arquitectura de la antigüedad. La gran lección de Palladio consistió en hacer que el orden formal de sus residencias fuera también un orden representativo y funcional. En la construcción de residencias, explicó... *colocaremos las partes principales y nobles en sitios patentes y manifiestos, y las menos hermosas en los más ocultos que sea posible a nuestra vista. En estos sitios se guardarán las cosas comunes y usuales de casa que puedan ofender a la vista, y aún afear las piezas principales. Por lo cual me place mucho que la parte más baja de una casa (que yo suelo meter un poco debajo de tierra) se destine para las bodegas, los almacenes de leña, las despensas, las cocinas, los comedores del servicio, los lugares para la colada, los hornos y cosas semejantes precisas al uso cotidiano.*

Las formas, en cualquier caso, no dejaron de evolucionar. El poder de la arquitectura clasicista se impuso a la medieval y el poder de la idealizada arquitectura medieval se impuso, siglos después, a la clasicista. Un idealista podría pensar que son los ciclos del espíritu, pero la asociación entre irregularidad y funcionalidad, de momento, resulta imbatible.

Confusa, debido a nuestros torpes intentos de interpretación, escribió el novelista Lawrence Durrell, *la historia nunca es bondadosa con quienes esperan algo de ella. Por debajo de la formal procesión de acontecimientos que hemos considerado dignos de nuestro interés... la estructura esencial del hombre apenas cambia.*

Capítulo I

LA CASA SEÑORIAL DEL SIGLO XIV
Tipo, uso y significado

La arquitectura y disposición de un hall, así como sus dimensiones, se encontraban condicionados por el trascendente momento en que el señor, reuniendo en un gran banquete a sus familiares y amigos, mostraba, además de su riqueza y generosidad, la fuerza y unidad de su familia.[1]

M. Girouard, *Life in the English Country House.*

Inglaterra, en el siglo XIV, comenzó a consolidarse como la primera nación unificada de Europa. Desde la invasión de la isla por Guillermo I en el año 1066, hasta la subida al trono de Eduardo III en el año 1327, había conseguido una ley común, un parlamento y una amplia y sólida base social formada por señores hacendados (*yeomanry*). La Carta Magna, firmada en el año 1215, contribuyó al proceso, estableciendo los principios de equilibrio entre la institución monárquica y el poder feudal.

Una vez que las instituciones crearon un marco de cierta estabilidad, el comercio ocupó un lugar fundamental en la política. Los comerciantes ingleses, que hasta entonces se habían dedicado preferentemente a exportar lanas al continente, comenzaron también a prestar dinero a particulares e instituciones. Los beneficios obtenidos de las operaciones realizadas en la ciudad fueron muchas veces reinvertidos en el campo, de manera que ninguna parte del capital permanecía inactiva.

En muy poco tiempo, los comerciantes acumularon unas fortunas que superaban a las de muchos nobles emparentados con el rey. Los comerciantes ingleses, al retener buena parte del poder económico en sus manos, llegaron a representar un poder político y social comparable al de la nobleza. El caso más conocido es el de Sir John de Pulteney, un comerciante de lanas a gran escala que empleó buena parte de sus ganancias en financiar los gastos del rey en la guerra de los Cien años. Según Mark Girouard, de Pulteney operó en la Inglaterra del XIV a la misma escala que los Medici en la Italia del siglo XV.

La primera manifestación del nuevo poder de los comerciantes fue la construcción de grandes mansiones señoriales por todo el país. Si hasta el siglo XIV la mayor parte de mansiones y castillos de Inglaterra habían sido construidos por el rey, su familia o algún poderoso noble que había ganado su dinero y reputación combatiendo al lado del rey, a partir de entonces muchos comerciantes empezaron a estar en condiciones de financiar la construcción de una residencia señorial en el campo. El gran número de mansiones que se construyeron por todo el país es indicativo de la fuerte competencia que se estableció entre los comerciantes por representar ante la sociedad su nuevo papel en la vida pública.

Las mansiones señoriales, organizadas en torno al *gran hall*, se convirtieron en lugares de representación. Las más importantes repetían con bastante exactitud, tanto los elementos y sus dimensiones, como la disposición de cada uno de ellos en el conjunto edificado.

Dos de las mansiones señoriales más conocidas son Haddon Hall y Penshurst Place. Sus coincidencias formales hacen suponer la existencia de un tipo edificatorio bien definido antes, incluso, de que los comerciantes decidieran construir sus mansiones en el campo.

Haddon Hall se construyó entre los años 1300 y 1330. El citado John de Pulteney comenzó la construcción de Penshurst Place en el año 1341. Ambas residencias, aunque separadas más de 250 kilómetros, responden al mismo tipo. Las dos, además, están muy bien conservadas.

El minucioso levantamiento de Haddon Hall realizado por J. Mansell Jenkinson en el año 1905 y la planta esquemática de Penshurst dibujada por N. Lloyd [2] permiten definir un tipo edificatorio caracterizado por la irregularidad, pero que no se generó desde dentro hacia fuera, como cabría suponer de acuerdo con el mito de la funcionalidad medieval, sino a partir del montaje de tipos preexistentes.

El tipo

La mansión señorial del siglo XIV se compone de tres zonas claramente diferenciadas por la forma y el uso: el *gran hall*, situado en el centro, un conjunto de piezas de servicio, en uno de sus extremos, y un bloque de estancias, en el otro.

El *hall* es la principal habitación y el centro de la residencia. Su amplio espacio longitudinal, de gran altura, separa y articula dos bloques transversales situados en sus extremos. La forma y tamaño del *hall*, su peculiar cubierta de madera y su posición transversal en el conjunto, lo convierten en la pieza fundamental de la residencia.

El bloque de servicio y de almacenes, situado a la izquierda del porche de acceso, se compone en planta baja de dos piezas diferentes: una destinada a guardar el pan y los utensilios de mesa, denominada *pantry*, y otra destinada a almacenar las bebidas, denominada *buttery*. Entre ellas existe un corredor sin iluminación que conduce, a través de

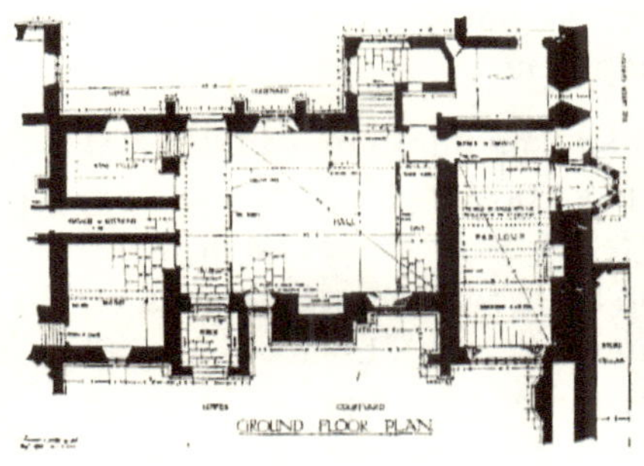

Haddon Hall (1300-1330). Levantamiento de la planta baja realizado por J. Mansell Jenkinson en el año 1905.

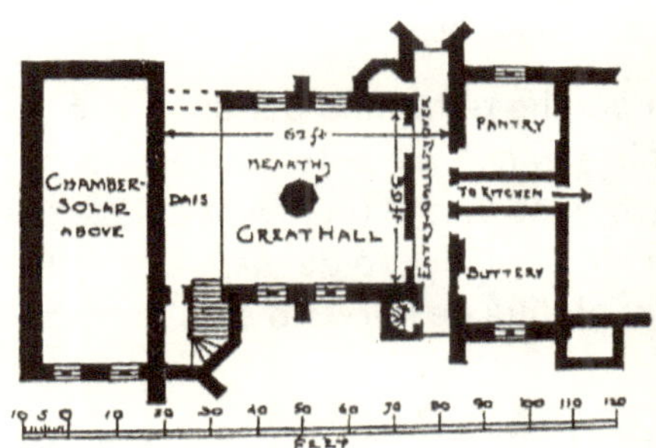

Penshurst Place (1341). Planta baja reproducida por N. Lloyd en *History of the English House* e interior del hall ilustrado por Joseph Nash en *The Mansions of England in the Olden Times* (1871). (Para comparar ambas plantas es necesario girar 180° cualquiera de ellas).

un pequeño patio, hacia las cocinas. En la planta alta se disponen una habitación adicional y alguna otra despensa.

La zona de servicio se conecta con el *hall* mediante un vestíbulo alargado, denominado *screen passage*, que se prolonga en la dirección del acceso y atraviesa la residencia. Comenzó a construirse a principios del siglo **XIV** con la forma de un cajón alargado rematado hacia el *hall* con una mampara ornamental de madera (*screen*). La mampara, además de configurar el vestíbulo, permitía una transición controlada entre el exterior y el interior del gran hall. También servía para rematar el *hall* en el extremo del acceso (*lower end*).

En el lado del *hall* opuesto al acceso (*upper end*) se sitúa el bloque de estancias de la vivienda, que contiene en la planta baja una sala de estar (*parlour*) y en la alta la "gran sala" y dormitorio del señor (*solar*). En el interior del *hall*, contiguo al bloque de estancias, existe una tarima ligeramente elevada del suelo (*dais*), en la cual se disponía la mesa de la familia y los principales invitados para que pudieran comer sobre una superficie limpia y lisa alejada del suelo del *hall*, que era de tierra apisonada.

El conjunto tiene forma de "H" asimétrica: la parte central de la "H" corresponde al *hall*, el brazo izquierdo (mirando la casa desde el acceso principal) a la zona de servicio y el brazo derecho a la zona familiar.

El elemento de acceso, un pequeño porche rematado por una torre, se encuentra unido al bloque de servicio y el *hall*. En esta asimétrica posición, actúa equilibrando el mayor peso visual (la mayor anchura y altura) del bloque de estancias situado al otro lado del *hall*. Las reducidas dimensiones de los huecos del bloque de servicio colaboran a conseguir este efecto.

La irregularidad y asimetría del alzado principal pone de manifiesto la característica más significativa de las residencias medievales inglesas: la dirección de acceso a la vivienda es siempre perpendicular a la dirección del *hall*. Esta circunstancia se expresa tanto en el exterior como en el interior. En el exterior, porque la torre de acceso forma una cruz con la línea de la cubierta del *hall*. En el interior, porque la dirección del *screen passage* es perpendicular a la dirección del *hall*, obligando al visitante a realizar un giro de 90° para aproximarse hacia el lugar donde se encontraba el señor.

Cuando se introdujo el *screen*, se materializó en el interior un espacio direccional que prolongaba en el interior el porche de acceso y el eje de aproximación a la residencia. La presencia de dos aberturas en la mampara de madera indicaba el cambio de dirección que se debía realizar en el *screen passage* para acceder al hall. Las aberturas de la mampara evitaban que el visitante tomase la dirección equivocada hacia la zona de servicios. La diferencia de tamaño e iluminación entre el *screen passage* y el hall, por otro lado, debía producir una fuerte sorpresa al visitante.

El *screen passage*, en definitiva, articula la zona de servicio con el *hall* y conecta los dos ejes perpendiculares que daban sentido a la vivienda: el eje de acceso a la residencia y el eje del *hall* y del recorrido hacia el *dais*. Favorece la transición espacial entre el exterior y el interior, e interrumpe el eje interior, separando la zona de servicio del *hall*.

La transición espacial que produce el *screen passage* entre la zona de servicio y el *hall* tiene un eco en el otro extremo del *hall*, entre el *hall* y la zona familiar. El papel del *screen passage* es representado allí por una tarima ligeramente elevada del suelo, el *dais*. Esta tarima delimita la parte del *hall* destinada al señor y sirve de arranque a la escalera que conduce hacia el *solar*.

Para acentuar la importancia del *dais* se solía construir una *bay window* en la fachada principal, dejando el otro extremo (hacia la fachada posterior) para la escalera.

El origen de las formas construidas

La mansión del siglo XIV fue la consecuencia de un largo y complejo proceso evolutivo. Las formas arquitectónicas tenían que someterse periódicamente en Inglaterra a las influencias que llegaban desde el continente. Con cada invasión, nuevas costumbres, nuevas formas y nuevos modos constructivos se incorporaban bruscamente a la isla, poniendo en cuestión las formas y los modos constructivos locales.

La irrupción de formas y modos procedentes del exterior, así como la necesidad de conjugarlos con los propios, impulsó un tipo de evolución no lineal basado en experiencias singulares.

El *hall* sajón

La casa medieval se organizaba en torno al *hall*, un gran espacio rectangular con una cubierta a dos aguas que mantuvo su carácter en Inglaterra durante siglos.

Según Hugh Braun, el *hall* sajón era una edificación aislada y rectangular, de un único espacio, que evitaba los inconvenientes de la choza cónica tradicional. De ella conservó la estructura piramidal, dada por su cubierta a cuatro aguas, y como ella se asentaba directamente sobre el suelo de tierra. Esta construcción, que fue interpretada como una ampliación del antiguo *bungalow* de origen romano, mantenía en Inglaterra la costumbre romana de vivir sobre el suelo; una costumbre que, según Braun, *todavía se mantiene en nuestras colonias.*[3]

El *hall* sajón era una especie de granero construido con grandes cerchas de madera. Definía un único y gran espacio capaz de dar cobijo a la familia y sus posesiones, entre las que se encontraban los sirvientes los animales y el grano.

Conforme las posesiones de la familia aumentaban, el *hall* resultaba más incómodo. Y puesto que no era fácil aumentar su tamaño, cuando la familia no disponía de sitio suficiente debía construir uno nuevo. No obstante, el *hall* fue aumentando de tamaño con el tiempo.

El tamaño del *hall* se pudo ampliar gracias a una innovación de los carpinteros sajones, el *ground-sill*. Consistía en dos carreras longitudinales en el suelo, en las cuales se apoyaban dos hileras de pies derechos (también de madera) que acortaban la luz de las cerchas y permitían aumentar la anchura del *hall*.

Con la introducción del *ground-sill*, el espacio único se dividió en tres espacios longitudinales, uno más alto en el centro y dos más bajos a los lados, que recordaban la organización de las iglesias con dos naves laterales. Si los hastiales del *hall* no se construyeron en piedra, como en las iglesias de la época, fue probablemente porque no existían suficientes maestros canteros capaces de hacerlo. Junto con el *groud-sill*, se pavimentó una franja en el extremo opuesto a la entrada. Fue el origen del *dais*.

El *ground-sill* y el extremo pavimentado reforzaron la direccionalidad del *hall*, pero el *hall* mantenía su carácter de lugar centralizado. El centro estaba ocupado por una hoguera de leños (*hearth*) que, además de agrupar a la familia, calentaba el espacio. Según Margaret Wood esta forma de calentar requería un edificio asentado sobre el suelo, una cubierta alejada del fuego y una estructura ligera que dejase escapar el humo por las juntas.

Cuando la estructura de la cubierta se fue perfeccionando, se construyó en la vertical del fuego central una abertura para el humo (*louver* o *louvre*, probablemente de *ouvert*, abierto en francés) rematada por una especie de linterna.

Aunque no existen datos sobre el uso de las distintas zonas del *hall*, es razonable suponer que los espacios laterales, de menor altura, se utilizaron como almacén, quedando el espacio más elevado para la familia. Pero también es posible que el *hall* se subdividiese en zonas de usos diferenciados mediante mamparas de madera. A pesar de todo, el *hall* seguía siendo un único espacio compartido por la familia y sus posesiones.

Cuando los carpinteros mejoraron sus técnicas, el *hall* se liberó del *ground-sill*, sin que su anchura y altura se redujeran. La habilidad de los carpinteros sajones, de nuevo, condicionó la forma construida. Las cargas que soportaban los pies derechos del *ground-sill*, que obligaban en ocasiones a construirlos de piedra, pudieron desviarse hacia los muros de las fachadas mediante ménsulas de madera. De este modo, liberado de las columnas, el *hall* recuperó la unidad espacial que antes tenía.

El gran tamaño que llegaron a alcanzar los antiguos *halls* sajones y la maestría con que fueron ejecutadas las cubiertas los convirtieron en acontecimientos singulares de la arquitectura doméstica europea. Sólo los espacios de las iglesias podían compararse con ellos.

La casa normanda

La invasión de los normandos fue el comienzo de un cambio gradual en la arquitectura doméstica inglesa. Los normandos introdujeron en la isla una nueva forma de construir y una nueva manera de usar la vivienda.

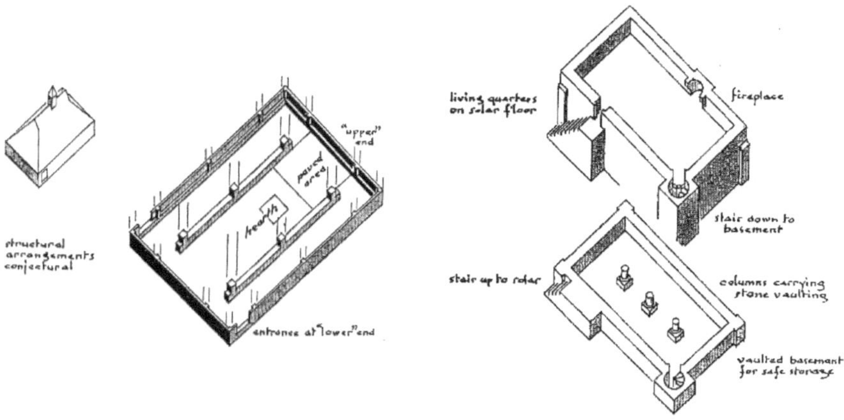

Evolución de la casa medieval según Hugh Braun en *Old English Houses*: *hall* aislado sajón y casa Normanda (*King John's House*).

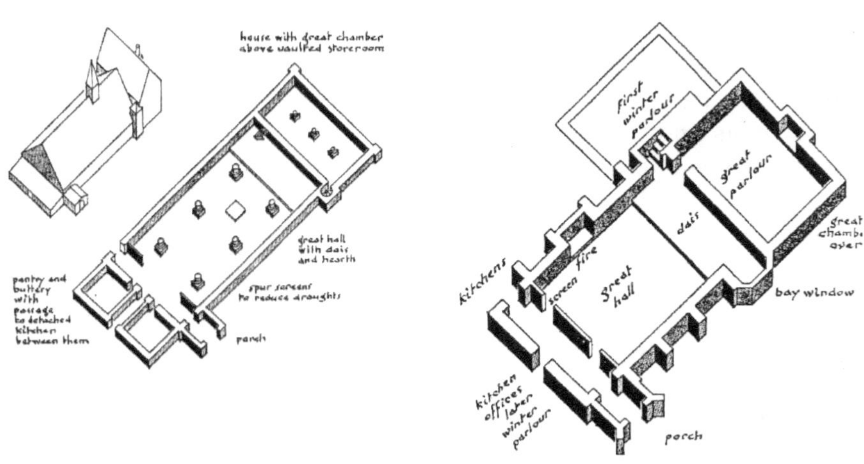

Evolución de la casa medieval según Hugh Braun en *Old English Houses*: combinación de ambos tipos (siglo XII) y posterior evolución (siglo XIV).

Los sajones, en lugar de construir sólidas fortificaciones de piedra y establecer en ellas sus residencias, defendían sus casas de madera rodeándolas con empalizadas. Los normandos, sin embargo, estaban acostumbrados a construir sus casas de piedra y trasladaron a la isla sus sistemas constructivos basados en la mampostería.

Los nuevos señores normandos no necesitaban recurrir a las empalizadas, pues podían hacer frente a las frecuentes insurrecciones sajonas con sólidas residencias fortificadas. Las viviendas y los castillos que construyeron en la isla fueron realizados invariablemente de piedra.

La introducción de muros, arcos y bóvedas en la construcción doméstica inglesa fue, además, el inicio de un cambio sustancial en la forma de usar la vivienda. La fábrica de piedra hacía posible la construcción de sólidas habitaciones sobre la planta baja, en las cuales se podía vivir con más seguridad y confort que en la tradicional habitación situada sobre el suelo.

Debido al reducido tamaño de la casa normanda, el último forjado podía ser también plano, haciendo innecesarias las cerchas de madera.

La cubierta plana era usada habitualmente en las fortificaciones realizadas por los normandos en Francia. No obstante, el origen de la cubierta plana en Inglaterra ha sido motivo de curiosas interpretaciones. Según Braun, la cubierta plana de las residencias inglesas proviene de las viviendas del Medio Oriente: *una región en que la cubierta plana era utilizada como parte de la vivienda durante el buen tiempo.*[4] Ahora bien, las primeras cubiertas planas de las residencias inglesas, aunque no eran practicables, estaban almenadas, lo cual indica su origen defensivo.

La casa de campo normanda era un pequeño edificio aislado de planta rectangular, de unos 7 x 4 metros de perímetro exterior, con dos plantas, construido en mampostería. Las dos plantas permitían establecer, a pesar del reducido tamaño de la vivienda, una clara diferenciación en los usos: la planta baja se utilizaba como almacén y la planta alta como habitación del *señor* normando y su familia. Tal y como se ha indicado, la construcción de casas de piedra y de dos plantas era habitual en Francia durante el siglo XIII. Esta costumbre pasó a Inglaterra y logró convivir con la tradición sajona de vivir sobre el suelo.

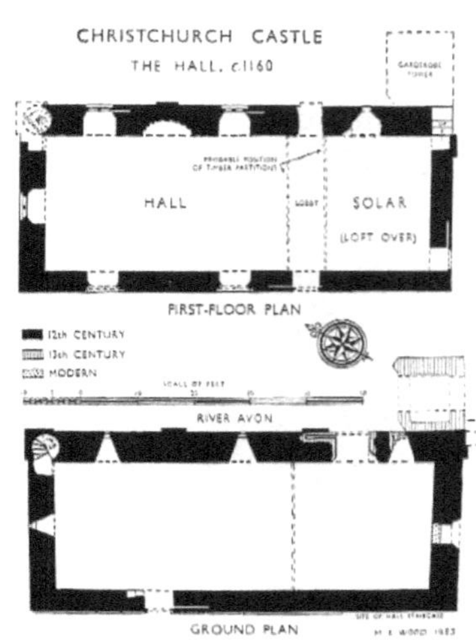

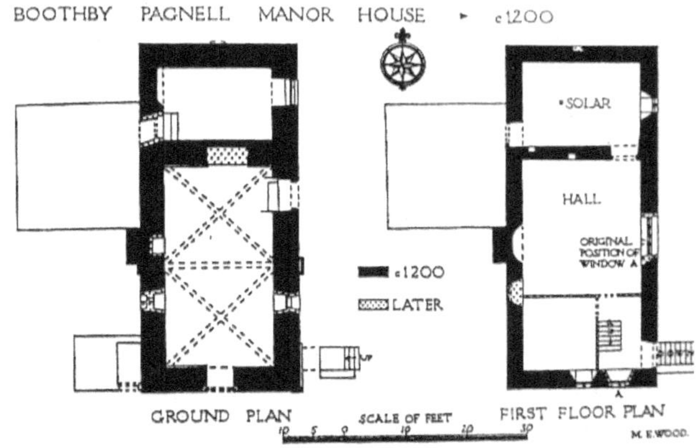

Ejemplos de casas normandas ilustradas por Margaret Wood en
The English Mediaeval House.

La planta alta de la casa normanda tenía dos piezas: el *solar* y el *hall*. El *solar* servía de habitación privada del señor y se encontraba separado del *hall* normando, que ocupaba el resto de la planta. La palabra *solar*, del francés *sol* –suelo o *solera* en español– hace referencia a la lógica de vivir sobre el suelo. El *hall* elevado, por su parte, era el espacio destinado a la familia, aunque algunos historiadores suelen dar el nombre de *hall normando* a toda la planta.

El acceso al *hall* normando se realizaba directamente desde el exterior mediante una escalera de piedra, generalmente adosada al lado mayor de la casa. Quizás habría sido más cómoda y conveniente una escalera interior, pero habría interrumpido las bóvedas de la planta baja, con el consiguiente riesgo de derrumbe. Habría ocupado, además, un valiosísimo espacio interior.

El nombre genérico que recibieron estas construcciones, *King John's Houses*, se debió a que, según se decía, habían sido construidas para alojar al rey (*Juan sin tierra*) en sus continuos viajes y cacerías por todo el país. Aunque esto no era cierto, la mayor parte de aquellas casas se levantaron durante su reinado, que aproximadamente coincidió con las dos primeras décadas de siglo XIII.

Las casas construidas por comerciantes judíos en las ciudades también siguieron el modelo normando. Eran de dos plantas, rectangulares y estaban fabricadas de piedra. El lado mayor daba a la calle y, puesto que no se podía construir la escalera exterior sin obstaculizar la circulación, se construyó en el interior. Una parte de la planta baja se utilizaba como almacén y el resto como tienda abierta a la calle. La entrada estaba a un lado de la fachada, para dejar libre la tienda.

La seguridad y el confort que ofrecían las casas de piedra en la ciudad ha sido objeto de una curiosa interpretación. Según Margaret Wood, *los comerciantes judíos de la ciudad, que acumulaban su riqueza en su casa, tenían mucho que perder en un incendio. Los prestamistas,* sigue Wood, *al ser muy impopulares, debían defenderse de un posible ataque del populacho.*[5] Pero seguramente los prestamistas y los judíos (antes de que fueran expulsados por Eduardo I en el año 1290) sólo se limitaron a adecuar a las condiciones de la ciudad la casa de piedra que se construía en el campo. Así, de paso, protegían su negocio y su integridad.

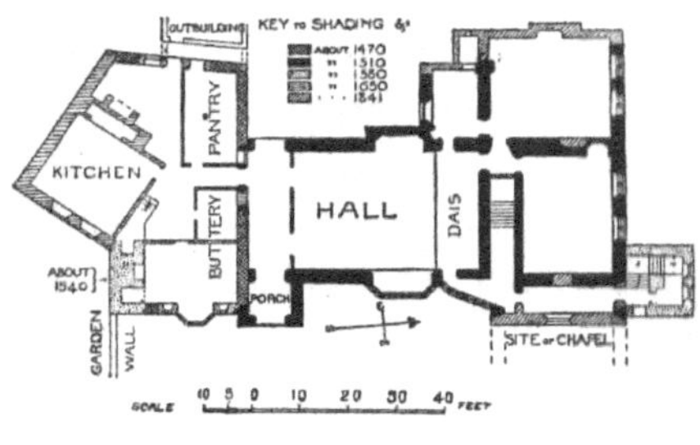

Horham Hall. Essex (C. 1510).

En un primer momento, las pequeñas casas de piedra debieron ser algo exótico en Inglaterra. El principal inconveniente era su reducido tamaño. Pero resultaban mucho más seguras que las casas de madera sajonas.

Durante algún tiempo, los dos tipos de viviendas, la casa normanda y el *hall* sajón, convivieron sin llegar a influirse mutuamente, quizás de forma semejante a cómo lo hicieron en Inglaterra las tres lenguas que se hablaban en aquella época: el latín, que se utilizaba en los asuntos religiosos, el francés, en la política, los juicios y la construcción, y el sajón, de origen germano, que usaba el pueblo llano.

Conforme la situación del país se fue estabilizando, la seguridad pasó a un segundo plano. Las casas normandas dejaron de ser tan necesarias y comenzaron a ser sustituidas por las amplias construcciones sajonas de madera defendidas por murallas de piedra.

Más adelante los *señores*, generalmente caballeros normandos, aceptaron el *hall* sajón pero sin renunciar al *solar* elevado. Para ello tuvieron que unir los dos tipos existentes y realizar numerosas pruebas y tanteos con ellos.

Finalmente consiguieron un nuevo tipo de mansión señorial que reunía las principales ventajas de los tipos anteriores y evitaba algunos

Haddon Hall (1300-1330). Vista del exterior y vista
del *hall* y el *screen passage*.

de sus inconvenientes. El éxito del nuevo tipo fue tal, que se continuó
construyendo durante siglos. La casa de campo Horham Hall, por
ejemplo, construida en los primeros años del siglo XVI, muestra que la
vida del nuevo tipo fue de al menos 2 siglos.

El nuevo tipo de mansión señorial

El encuentro entre la casa normanda y el *hall* sajón fue tanto conceptual como físico. Conceptual, porque implicaba la aproximación entre
dos formas de vida diferentes. Físico, porque los dos tipos se unieron
para dar lugar a un nuevo tipo.

Las ventajas de la unión física de los dos tipos son evidentes. La pequeña casa normanda encontró en el *hall* sajón una forma de ampliar su
reducido espacio interior sin forzar los límites constructivos del sistema
de mampostería. El *hall* sajón, por su parte, pudo disponer de los espacios especializados que le ofrecía la casa normanda.

Existen algunos ejemplos de *halls* situados en la planta alta que indican que la evolución de las formas no fue un proceso lineal. Pero en
otros casos la unión de los dos tipos logró mantener las características esenciales de cada uno.

La casa normanda entró en contacto con el *hall* sajón, generalmente, adosándose a él en uno de sus extremos. Bastaba rematar el *hall* con unos hastiales de piedra que alcanzasen la altura de la cumbrera para que fuese posible la unión de los tipos.

Situando la casa normanda en un extremo del *hall*, en una posición transversal a su eje interior, se reforzaba el sentido de acceso a la vivienda y se remataba la construcción. Y puesto que el hastial del *hall* sajón superaba en altura al bloque añadido, era posible añadir una ventana en la parte superior para mejorar la iluminación y para expresar hacia el exterior la importancia del eje interior.

Al poner en contacto el lado mayor de la casa normanda con el lado menor del *hall* sajón se resolvieron, de paso, los accesos a las dos piezas. El antiguo acceso a la casa normanda (realizado por una escalera exterior que se apoyaba en el lado mayor del pequeño edificio de piedra) podía realizarse desde el interior, mientras el acceso al *hall* se mantenía en su sitio y servía como acceso al conjunto.

Los historiadores, acostumbrados a presentar evoluciones lineales de los acontecimientos, proponen dos posibles vías para la definición del nuevo tipo. La primera de ellas supone que la casa normanda se unió al *hall* sajón por el hastial más cercano a la entrada. La segunda sitúa la casa normanda al fondo del *hall*.

Según la primera hipótesis, las antiguas piezas de almacén, que estaban situadas en la planta baja de la casa normanda, permanecieron en su lugar, liberando al *hall* de esta función. El *solar* de la planta alta, por el contrario, quedaba en una mala situación, especialmente si se utilizaba el *dais* como lugar para comer. El señor debía cruzar el *hall* y atravesar la zona del acceso si quería retirarse a su habitación después de comer. Esta incómoda situación, sugiere Wood, pudo condicionar el traslado del *solar* al lado opuesto del *hall*, dejando sin uso definido la planta alta sobre los almacenes. Al parecer, esta pieza vacante se usó a veces como segunda habitación de la casa, para el hijo mayor de la familia o para el administrador de las propiedades familiares, pues era la pieza más cercana a los almacenes.

En el caso de la segunda hipótesis, la que supone que la casa normanda se unió al *hall* por el *upper end*, el señor podía retirarse a su habitación

Penshurst Place (1341). Vista del exterior y vista del *hall* y el *screen passage*.

tomando una escalera directamente desde el *dais*. Puesto que la antigua escalera exterior de la casa normanda no debía restar sitio al *dais*, se desplazó al exterior del *hall*, dando lugar a un elemento añadido en la fachada (*oriel*) que articulaba los volúmenes de la residencia en la parte posterior. Los almacenes de la planta baja quedaron, de acuerdo con esta hipótesis, próximos a la mesa del señor y su familia.

Esta circunstancia, en principio favorable debido a la comodidad que implicaba la cercanía entre el lugar de comer y los almacenes, no se debió considerar conveniente. Disponiendo de espacio suficiente en la vivienda, quizás se pensó que era más importante alejar de la zona de vivir, la zona del servicio y los almacenes (como estaba en la planta baja de la casa normanda). Quizás por esta razón, la zona del servicio y los almacenes fue desplazada al otro lado del *hall*.

Situando la zona de servicio en esta posición, el señor podía disponer de una amplia habitación contigua al *dais*, a la cual retirarse después de comer. El nombre que se dio a esta pieza *parlour* (en francés locutorio) hace referencia a la nueva función.

Pero ninguna de las dos hipótesis tiene porqué excluir a la otra. Lo más probable es que las dos sean reconstrucciones a *posteriori* que presentan los acontecimientos dotados de una lógica que no tuvieron.

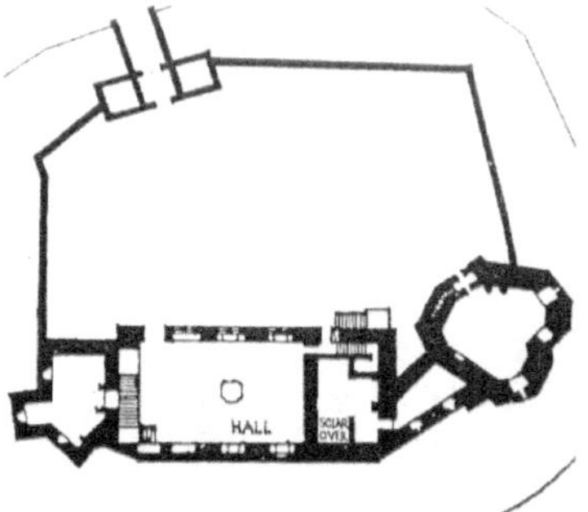

Stokesay Castle. Vista general y planta. El *hall* y el solar fueron construidos en el año 1240. La torre norte, a la izquierda, en el año 1120 y la torre sur, en 1290.

La enorme cantidad de pruebas que se realizaron en aquella época y la abundancia de ejemplos que no se ajustan a ninguno de los esquemas descritos, hacen que no parezca muy lógico aplicar a la evolución de estas construcciones el principio de causalidad.

Es completamente imposible, además, definir un momento o un edificio concreto como inicio de cualquier fase de la evolución. Según los historiadores, el cambio de las formas fue tan lento, que solamente comparando las residencias de un período con las de otro posterior, es posible entender el proceso de adaptación.

Dependiendo del edificio que se considere como objeto de estudio, es posible realizar distintas interpretaciones del proceso evolutivo.

En Stokesay Castle, por ejemplo, una residencia fortificada ampliada en el año 1240, la casa normanda aparece incluida en el extremo final del gran *hall*, sin que éste se pueda reconocer desde el exterior como una pieza separada. De la planta de Stokesay se podría deducir que el primer experimento formal para unir el *hall* sajón a la casa normanda consistió en incluir la casa normanda en el *hall*. En este caso, estaríamos ante una tercera hipótesis, ante una hipótesis que se vería reforzada considerando que la fecha de ejecución de esta residencia se encuentra en el punto medio del momento de la invasión normanda y el momento en el que el tipo medieval se consolidó.

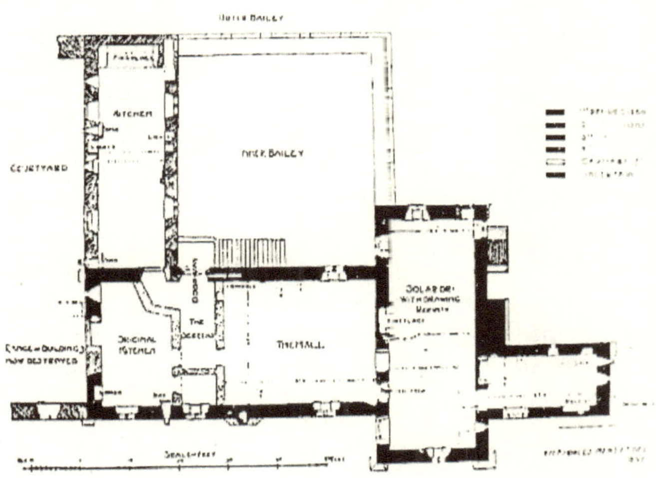

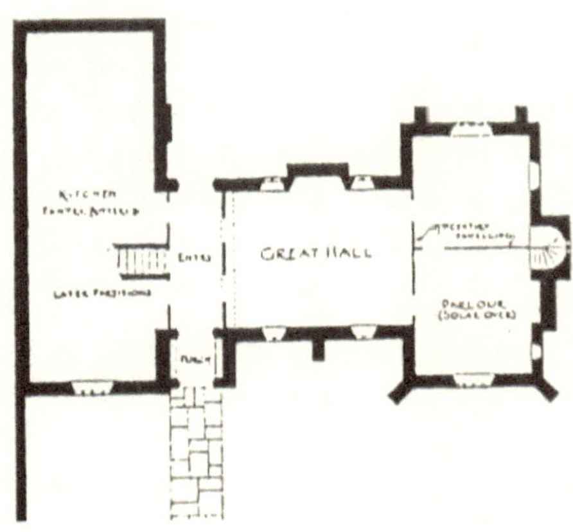

Aydon Castle (Las partes del año 1120
están señaladas en negro) y Cothay
Manor (1480).

Es posible encontrar otras residencias del siglo XIV en las cuales la casa normanda y el *hall* sajón aparecen unidos formando un solo bloque rectangular. Stokesay, Chorley Hall y Yardley Hastings, por ejemplo, incorporan al hall sajón una casa normanda de su misma anchura. Pero esta fusión sólo indica, quizás, cierta indecisión. Las residencias mencionadas son probablemente un estado intermedio entre la fortificación y la residencia, experiencias formales para conciliar los modos de vida normando y sajón, que no terminaron de consolidarse y no dieron lugar a nuevos tipos. Pero es necesario reconocer que, gracias a ellas, el *señor* pudo disponer de dos habitaciones adicionales sin prescindir de las ventajas del gran *hall*. Además los animales quedaron excluidos del gran *hall* y el lugar familiar se alejó de la zona de los almacenes y el servicio.

Ahora bien, si en lugar de Stokesay Castle tomásemos como referencia Aydon Castle, construido sólo 40 años después, llegaríamos a conclusiones diferentes.

El *hall* de Aydon Castle se encuentra situado en la planta superior y en contacto inmediato con un *solar* transversal. Puesto que la construcción es de piedra y puesto que la planta baja se dedica en su totalidad al uso de almacén, se podría pensar que dos casas normandas fueron unidas en forma de "T", de tal modo que una de ellas se dedicó a la familia y otra al *señor*. El señor de la casa, en este caso, no necesitaría subir escaleras para retirarse a su habitación. Pero esta ventaja no se debió considerar relevante, pues el experimento no se generalizó. Esta residencia y otras similares quizás sólo fueron tanteos.

Existen otras muchas residencias que no responden al tipo representado por Haddon Hall y Penshurst Place. Seguramente sólo fueron experimentos formales realizados con el fin de adecuar los viejos tipos a las nuevas circunstancias, ensayos más o menos aislados que indican que los ingleses no tenían claro cómo conjugar los tipos existentes para quedarse con sus ventajas y evitar sus inconvenientes.

Es fácil forzar los argumentos para demostrar que las formas fueron planificadas conscientemente y que el nuevo tipo de mansión medieval fue la consecuencia de la necesidad. También es fácil proyectar hacia delante la supuesta lógica de los procesos evolutivos y ver en las residencias posteriores esfuerzos conscientes para adecuar a las

circunstancias el tipo medieval; para ver, por ejemplo, que Cothay
Manor, construida a finales del siglo XV, mantiene la estructuración en
forma de "H". Pero las cocinas se desplazan de su lugar habitual y se
aproximan a la zona familiar. Cothay Manor, en definitiva, no encaja en
la hipotética línea evolutiva que, desde Stokesay y a través de Chorley
Hall y Yardley Hastings, conduce a las más regulares casas del siglo XV.
Tampoco responde, debido a la incorporación de las cocinas al bloque
de servicio, al tipo definido por Haddon Hall y Penshurst Place.

Cualquier residencia construida entre los siglos XII y XV al margen
del tipo puede ser interpretada como una experiencia singular con
cierto carácter de prueba. La dificultad para proponer líneas evoluti-
vas aumenta si se considera que muchas características de las casas
de campo medievales no han podido ser suficientemente explicadas.
¿Por qué el acceso al *hall* sajón y a la casa normanda se realizaba sis-
temáticamente por el extremo de su lado mayor? ¿Por qué en algunas
casas de los siglos XIII y XIV los almacenes aparecen unidos al *hall*
formando un bloque de una sola planta, invalidando la hipótesis que
supone que la casa normanda, con dos plantas, se unió al *hall* sajón?
A este tipo de preguntas se podrían añadir dos fundamentales: ¿por
qué la fusión de tipos no prosperó? y ¿hasta qué punto eran conscientes los *señores* de lo que pretendían?

Todas estas preguntas se podrían responder aventurando arriesgadas
hipótesis. Por ejemplo: la entrada lateral de las casas inglesas tenía
como objeto mostrar las diferencias de forma y uso entre la arquitectura doméstica y la religiosa. Pero si se pretende una aproximación a
los hechos al margen de suposiciones, deberán tenerse en cuenta los
condicionantes que se derivan de la necesaria relación entre las formas,
los usos y los significados.

Los usos y los significados

El señor se ubicaba en el centro de una mesa situada al fondo del hall. Desde esta posición podía mostrarse, de la forma que era considerada correcta, ante sus parientes e invitados que se encontraban sentados en mesas a todo lo largo del hall.[6]

M. Girouard, *Life in the English Country House.*

Es tentador ver en la mansión señorial del siglo XIV el resultado de un proceso evolutivo lineal condicionado por el uso. De acuerdo con esta interpretación, las formas arquitectónicas experimentaron continuos ajustes y cambios hasta adaptarse a unos usos determinados.

Habría que suponer, en este caso, que las necesidades que el *señor* pretendía satisfacer con la construcción de su nueva residencia condicionaron de manera inequívoca la forma construida. Conforme las necesidades se definían y aumentaban, las formas arquitectónicas se especializaban y ajustaban entre sí. Sería necesario suponer, además, que desde el momento en que las exigencias del señor y su familia se encontrasen plenamente satisfechas, las formas arquitectónicas comenzaron a repetirse, dando lugar a un tipo estable.

Pero también es posible sostener un razonamiento muy diferente. Puesto que el tipo del siglo XIV surgió de la unión de dos tipos anteriores y puesto que muchas residencias no responden al tipo, es posible suponer que la unión de los tipos anteriores dio lugar, o al menos posibilitó, nuevos usos y ceremonias domésticas. La unión de tipos, de acuerdo con este supuesto, no pretendía conseguir un fin preciso ni seguía las pautas de un proyecto realizado previamente. La unión se produjo porque era necesario conciliar dos formas de vida. Así se podían especializar los espacios y realizar ceremonias que concedieran sentido a la vida en el campo.

Cuando alguno de aquellos ensayos resultó singularmente afortunado, comenzó a repetirse, dando lugar a un nuevo tipo.

Los usos

Tal y como se ha sugerido, no parece que la utilidad permita por sí
sola justificar la aparición de nuevos tipos. Un ejemplo de ello es la
continuidad del *hall* sajón. Su gran tamaño y su altura no podían responder a simples necesidades utilitarias, pues un espacio de aquellas
características debía ser muy poco confortable. La pervivencia del *hall*
sajón sólo se puede justificar porque representaba el espacio interior
de una iglesia.

Cuando en el siglo XIV el *hall* sajón ocupo de nuevo su lugar como
centro de la vida familiar, tampoco mejoró sus condiciones de confort;
el hecho de que el fuego central se desplazase a un lateral, convertido
en una chimenea convencional, sólo consiguió que el espacio quedase
materialmente vacío.

Una vez que el *hall* se complementó con las piezas especializadas que
provenían de la casa normanda, dejó de utilizarse como aglutinante de
las distintas funciones domésticas. Incluso las habituales comidas del
señor y su familia podían seguir realizándose sobre el *dais*, dejando
vacío el resto del *hall*, a la espera de una gran celebración.

La zona de servicios y la cocina se organizaron, en cambio, con una
mayor eficacia funcional. Las dos piezas de almacén contiguas al *hall*
se dedicaron a contener todos aquellos productos que debían ser utilizados sin un proceso de elaboración previo (pan, vino o cerveza,
velas, cubiertos, etc.).

Situando la cocina detrás de estas piezas, separada de ellas por un
patio abierto, se alejaban del *hall* los olores, los humos y la suciedad.
También se evitaba que un incendio en la cocina se propagase al resto
de la vivienda.

Hasta el siglo XIII, los almacenes estaban directamente conectados
con el *hall*. Antes de que apareciese el *screen*, el *hall* quedaba rematado con un muro de gran altura, iluminado en ocasiones por la parte
superior y rematado en la parte inferior con tres arcos apuntados que
servían de acceso a las piezas de almacén. El arco que conducía a las
cocinas a través del pasaje central era de una altura ligeramente
superior a la de los dos arcos laterales, por lo que el conjunto podía

recordar un arco de triunfo o la portada de una iglesia parroquial con dos naves laterales. El señor, mientras comía, tenía en frente aquel espectáculo arquitectónico.

Con la aparición en el siglo XIV del *screen*, se evitó la visión directa de la mesa situada sobre el *dais*, ya fuera por parte de los visitantes que accedían a la residencia por la entrada principal o por parte de los sirvientes que utilizaban las piezas de servicio y el pasaje que conducía a la cocina. Sólo se debía procurar que los huecos del *screen* no correspondiesen con los huecos de los locales de servicio y el pasaje central hacia la cocina. El *screen*, en definitiva, no sólo sustituyó el espectáculo monumental de los tres arcos (realizado con los más ricos motivos ornamentales de la época por los mejores artesanos de la madera), sino que también sirvió de pantalla para separar físicamente las zonas del servicio y la familia.

Con el paso del tiempo, las piezas de almacenamiento siguieron especializándose. Además se construyeron nuevas piezas sobre los almacenes de la planta baja. Una de ellas fue el *vine cellar*, que permitía separar el vino de la cerveza. (En aquella época, la cerveza se servía a todos los invitados mientras que el vino se reservaba exclusivamente para la mesa del señor).

La escalera que daba acceso a la planta alta de la zona de servicio, también daba acceso a la parte alta del *screen passage*. En este lugar se situaban los músicos que animaban las celebraciones y los grandes banquetes. Según Girouard, los músicos allí situados podían comenzar a tocar desde el preciso momento en que hacían su aparición en el *hall* las dos procesiones de sirvientes portando las bandejas con la comida.

No obstante, el *hall* permanecía vacío la mayor parte del tiempo. Era un espacio enorme, frío y con corrientes de aire que se debía atravesar para acceder al confortable salón familiar (*parlour*); un espacio que no se puede justificar atendiendo a simples requerimientos utilitarios.

El modelo evolutivo fundamentado en la utilidad, por tanto, debe necesariamente complementarse con otro que incluya la relación entre las formas y los significados. Los acontecimientos que daban sentido a la vida doméstica podían repetirse ritualmente siempre que existiese un escenario adecuado para la representación. Cuando dicho escenario apareció, seguramente como resultado de un experimento formal novedoso (el arco triunfal orientado hacia la mesa del señor, el *dais* como foco y escenario, la galería de los músicos, etc.), adquirió sentido como marco de una representación que trascendía el ámbito de lo doméstico.

Aunque pueda argumentarse que este modelo está implícito en el primero, se ha preferido aquí separarlos por motivos instrumentales.

Los significados

La evolución de la arquitectura doméstica inglesa estuvo condicionada por la capacidad de las formas para admitir nuevos significados. La disposición de las piezas, sus características espaciales y los elementos que las configuraban, adquirieron un nuevo sentido en cuanto se convirtieron en el escenario de las representaciones en las que el señor de la casa mostraba a sus invitados el importante papel que tenía en la sociedad.

Algunas piezas arquitectónicas también acabaron por representar a otras. El *hall* sajón, muy semejante a un granero, representaba los espacios basilicales en los que tenían lugar las ceremonias religiosas. Pero también podía representar, por extensión, los refectorios de los monasterios y los grandes salones en los que se celebraban los actos oficiales.

Nathaniel Lloyd ha sugerido que la estructura de madera y las cerchas de la cubierta del *hall* podían también representar la forma (invertida) del casco de un barco. Para Lloyd es significativo que la palabra alemana para designar a la nave de una iglesia, *schiff*, sea muy parecida a la palabra inglesa *ship*, barco. También la palabra griega *naós*, santuario o capilla, está directamente emparentada con *naus*: nao, nave o navío. Y en español, la palabra nave, del latín navis, comparte ambos significados.[7] Éste sería un segundo nivel de representación, mucho más profundo que el anterior, que recuerda la deuda de los maestros carpinteros sajones con las técnicas de la construcción naval.

Banquete de investidura del Rey Carlos II en el Gran Hall (St. George's Hall) del Castillo de Windsor (1660).

Cuando el *hall* se unió a la pequeña casa normanda por uno de sus extremos, se acentuó la direccionalidad en su interior según un gradiente de aproximación que se iniciaba en la entrada y culminaba en el *dais*. El *dais*, al igual que el altar de una iglesia, era el lugar en el que se situaba el celebrante. Con el simple recurso de convertir la estrecha franja pavimentada del *upper end* en una tarima ligeramente elevada del suelo, se consiguió diferenciar dos lugares en un mismo espacio: el lugar de los celebrantes (del señor y sus principales invitados) y el lugar destinado al resto de los invitados.

La mesa situada sobre el dais era compartida por el señor, su principal invitado y el administrador de la casa. El resto de los invitados y familiares ocupaban dos mesas alargadas dispuestas en la dirección del *hall*. De esta manera se conseguía que los invitados pudieran apreciar un doble espectáculo: hacia un lado, la mesa del señor y su principal invitado; hacia el otro, los músicos situados en la galería superior y la procesión de sirvientes atravesando el *screen* con la comida en bandejas. Todo ello enmarcado por las magníficas obras de carpintería del techo, por los estandartes, los escudos y los ornamentos que completaban la decoración.

Banquete ofrecido por la Reina de Inglaterra al presidente de Francia en el Gran Hall (St. George's Hall) del Castillo de Windsor (Octubre de 2008).

La fuerza con que se establecieron aquellas costumbres en el seno de la sociedad inglesa se manifiesta en que muchas de ellas transcendieron el ámbito de lo doméstico. Los comedores de los *colleges* de Oxford o Cambridge, por ejemplo, se estructuraron según el mismo modelo. El *dais* era ocupado por los profesores mientras los alumnos ocupaban del resto del *hall*.

El *dais* de la mansión medieval, además de lugar específico del celebrante, también era el espacio que permitía efectuar la transición desde el *hall* hacia la habitación privada del señor. El *dais* era la prolongación en el *hall* del ámbito privado del *señor*.

El señor comía sobre el *dais* disfrutando de una doble situación: se encontraba en el *hall*, con el resto de su familia o con sus invitados, sin haber abandonado por completo su habitación de la planta superior. La habitación privada del señor en la planta superior implicaba también la ritualización de los pequeños actos cotidianos: todavía hoy, escribió Braun, *el inglés gusta de subir escaleras para ir a acostarse... solamente en nuestras colonias se ha abandonado esta práctica para volver al primitivo bungalow.*[8]

Se pone así de manifiesto que las formas arquitectónicas interactuaban con los usos y los significados, que las formas condicionaban los usos y que sólo se repetían y estabilizaban cuando permitían celebrar las ceremonias y rituales que concedían sentido a la vida.

La compleja evolución de la casa inglesa medieval muestra que los tipos nacen y se transforman respondiendo a las condiciones del contexto. Pero también que los usos, en lugar de haber sido el motor de los cambios formales, fueron generalmente su consecuencia. Si los usos determinaran la forma, ¿cómo justificar la gran cantidad de formas singulares que no responden al tipo y que no pertenecen a ninguna serie tipológica?

Una hipótesis sobre la evolución de las formas

Es posible forzar el estudio de la mansión señorial suponiendo una perfecta correspondencia entre las formas, los usos y los significados. Es suficiente interpretar los tipos como la consecuencia necesaria de unos usos y unos significados determinados.

El modelo evolutivo que se corresponde con esta interpretación es el modelo lineal y finalista que confía en la adecuación de las formas a las necesidades físicas o espirituales de aquéllos que las usan. Las formas, de acuerdo con este supuesto, se subordinan a las necesidades y tienden a repetirse en cuanto logran satisfacerlas. Entonces aparece el tipo.

Existen argumentos para sostener esta hipótesis. El papel estabilizador de los usos y los rituales domésticos fue fundamental para consolidar los hábitos y las estructuras sociales. Los usos y los significados, sin duda, debieron influir en la definición y estabilización de las formas. También es lógico pensar que los hacendados ingleses no deseasen realizar demasiados experimentos formales con sus casas, pues a nadie le gusta arriesgar una fortuna. Pero entonces, ¿cómo explicar la abundancia de experimentos formales que no se ajustan al tipo?

El modelo evolutivo anterior podría matizarse teniendo en cuenta que los significados y los usos son también variables del problema; que las formas, en definitiva, también pueden condicionar los usos y los significados. Ahora bien, incluso matizado, éste también es un modelo lineal y finalista. Considera la forma dirigida hacia un fin (la completa adecuación entre formas, usos y significados) y confía en el principio *causa-efecto*.

Aunque más adecuado para explicar la complejidad de los hechos, el modelo evolutivo basado en el principio *prueba y error* tampoco resulta satisfactorio. Al igual que el modelo anterior, supone que los cambios formales se encuentran orientados hacia un fin.

Los modelos finalistas confían en una evolución necesaria de las formas. Las series tipológicas, de acuerdo con dichos modelos, están constituidas por aciertos, debiendo ser entendidas como fracasos (y por tanto rechazadas), las formas que no responden al tipo o no encajan en ninguna serie tipológica.

También es posible forzar, de acuerdo con el modelo finalista, nuevas series o ramificaciones de series. Quizás se podría encontrar un sitio en ellas para cada forma singular. Aquí se han apuntado algunas series posibles y podrían señalarse otras, por ejemplo, una serie que incorpore la residencia del *Lord Chancelor* de Eltham Palace, la cual presenta la singularidad de disponer en los extremos del *hall* la habitación del señor y el *parlour*, dejando apartadas a un lado del *hall* las piezas de servicio. Pero no se trata de forzar series tipológicas, sino de aproximarse a los acontecimientos.

La unión del *hall* sajón y la casa normanda pudo solucionar el problema de especialización espacial de os hacendados ingleses, pero este mismo problema también pudo resolver de otras maneras, por ejemplo, ampliando el tamaño de la casa normanda, situando el *hall* en la planta superior, añadiendo nuevas piezas habitables, etc.

El hecho de que dos formas tan diferentes se uniesen puede explicarse porque las dos formas estaban consolidadas y disponibles. Tal y como se ha indicado, la necesidad de conciliar dos formas de vida implicaba la necesidad de unir los tipos que las representaban. El resultado de la unión debieron ser, al menos en el origen, experiencias aisladas y singulares que alteraban sustancialmente las formas y los usos consagrados por ambas tradiciones. De modo que no es absurdo suponer que la adecuación entre las formas, los usos y los significados se lograra sólo *a posteriori*.

El modelo evolutivo

Valorar el papel de la ausencia de finalidad en la evolución de las formas supondría aceptar un modelo evolutivo que no estuviese basado en el principio de causalidad. Un modelo de estas características ha sido planteado en biología por François Jacob, premio Nóbel de medicina en 1970. Jacob, en su libro *La lógica de lo viviente*, planteó también la posibilidad de aplicar su nuevo modelo evolutivo al ámbito de la cultura; y lo hizo en los términos siguientes:

Dado que los mecanismos que rigen las transferencias de información obedecen a ciertos principios, es posible, en cierto sentido, ver la transmisión de una cultura a través de las generaciones como una especie de segundo sistema genético superpuesto al de la herencia.

Para Jacob resultaba tentador relacionar la aparición de una idea con la de una mutación... *oponiendo la novedad del cambio al conservadurismo de la copia. Jacob concluyó: sólo falta entonces definir los criterios de selección, el problema es que nadie lo ha logrado.*[9]

Para considerar la pertinencia –o impertinencia– de aplicar a las formas arquitectónicas un modelo biológico es necesario plantearlo al menos esquemáticamente.

Tanto François Jacob como Jacques Monod, dedicaron sus estudios a aclarar las dos propiedades paradójicas que rigen la evolución, la *emergencia* y la *teleonomía*. Monod, en la lección inaugural del curso 1967 del College de France, las definió de la siguiente manera. La emergencia es la facultad de reproducir y multiplicar estructuras ordenadas y complejas permitiendo la creación evolutiva de estructuras de complejidad creciente. La *teleonomía*, en cambio, se identifica con la finalidad que supuestamente rige los procesos. Según la primera propiedad, las formas evolucionan siempre hacia estados de mayor complejidad estructural. Según la segunda, las formas se estabilizan en cuanto el fin es alcanzado.

Las teorías vitalistas y animistas, explicó Monod, anteponen la *teleonomía* a la *emergencia*. Estas teorías, presentes en la mayoría de los sistemas religiosos o metafísicos (según Monod es fácil descubrirla también en el idealismo hegeliano), presuponen una fuerza vital o una finalidad como motor de la evolución. La *emergencia* y la *teleonomía* son, de acuerdo con ello, propiedades universales que se manifiestan de manera más intensa en los seres vivos.

El modelo opuesto al vitalista, el único razonable desde el XIX, considera que la *emergencia* es una propiedad anterior a la finalidad. *La teleonomía o finalidad procede de la emergencia, que la crea, moldea y amplifica*, escribió Monod.[10]

Cuando Monod aclaró estos conceptos, pensaba en los principios que expuso 3 años después en *El azar y la necesidad*.[11]

El modelo evolutivo de Monod, que sólo completaba el de Darwin, tenía respecto a él una notable diferencia; *la teleonomía, lejos de guiar la emergencia evolutiva, sólo contribuye a ella, ciegamente además, cuando está precisamente ausente*. La ausencia de finalidad, en tal caso, favorece la evolución de las formas hacia estructuras más complejas. La evolución así entendica sólo es posible, según Monod, si se introduce en el proceso un nuevo factor, el azar.

En biología, cuando un accidente ocurre, lleva consigo un error en la reproducción del programa y dicho error a su vez es mantenido, reproducido y multiplicado, a menos que no determine la desaparición de la línea en que se ha producido.[12]

Se puede objetar a este modelo la gran diferencia que existe entre los mecanismos de reproducción biológicos, prácticamente ciegos e inaccesibles a cualquier influencia exterior (el uso que un individuo haga de un órgano no afecta a la forma del órgano en sus descendientes) y los mecanismos que intervienen en la reproducción de objetos producidos por el hombre, necesariamente afectados por la capacidad para orientar su actividad.

Una objeción similar, realizada en los límites del campo disciplinar de la biología, fue realizada por Jean Piaget en el artículo, *Azar y dialéctica en la epistemología biológica.*

Piaget estaba de acuerdo con Monod en que, toda variación hereditaria es aleatoria y toda experiencia aproximativa, pero estima que, si se admite que la selección se orienta en el sentido de las elecciones, las producciones, en apariencia fortuitas, se deben interpretar según modelos que se enfoquen como ensayos. En otras palabras, los procesos de selección se relacionan con los comportamientos de prueba y error o de tanteos, *pues, en el seno de las disciplinas del comportamiento, todo el mundo sabe actualmente que los tanteos más aleatorios en apariencia no son el efecto del puro azar, con selección posterior, sino que están más o menos orientados por un mecanismo explorador que ordena a la vez las producciones, en tanto que intentos, y su selección, en tanto que elecciones.*[13]

El modelo de Jacob y Monod, corregido por las objeciones de Piaget, podría servir para explicar la evolución de las formas producidas en un momento en que todas las construcciones del hombre tenían el carácter de tanteos, en el que no existían diferencias fundamentales entre los objetos naturales y los artificiales, pues todos participaban del espíritu de lo contingente. La magia de las cosas se imponía en el mundo, el macrocosmos reflejaba el microcosmos y los productos del hombre, en lugar de ser considerados inmutables, formaban parte de un *continuum* de espacio y de tiempo en el cual los individuos y las acciones eran considerados contingentes. La mansión señorial del siglo XIV, en tal caso, podría ser vista como el resultado de distintos tanteos formales realizados sin una planificación racional y sin pretender unos fines precisos. Cuando el experimento formal permitió la reconversión de los viejos usos y rituales, comenzó a repetirse.

Monod, intentando llevar más lejos su modelo evolutivo al margen de la finalidad, propuso su aplicación al lenguaje con las siguientes palabras: *me tentaría sugerir la hipótesis de que el lenguaje ha podido aparecer gracias a la emergencia de nuevas intercomunicaciones, no necesariamente muy complejas, en un prehomínido..., en esta hipótesis el lenguaje habría podido preceder a la emergencia del sistema nervioso central propio de la especie humana y contribuir de manera decisiva a la*

*selección de las variaciones más aptas para utilizar todos los recursos.
En otros palabras, el lenguaje habría creado al hombre, más que el hombre al lenguaje.*[14]

Traduciéndolo y suavizándolo, podríamos decir que las formas hacen al hombre, al menos en la misma medida en que el hombre hace a las formas.

Las teorías estructuralistas y las que invocan el poder de las formas arquetípicas del espíritu (o del *inconsciente colectivo*) sobre los individuos apuntan en esta dirección. Los estudios de Jung y Lévi-Strauss descubrieron, desde perspectivas diferentes, que las estructuras permanentes del espíritu se imponen a los individuos, que las formas del espíritu no se caracterizan tanto por los contenidos concretos (de las cosas pensadas o producidas) como por las relaciones que se establecen entre ellas.

La originalidad de la interpretación estructural reside en ver la estructura del espíritu como un sistema regido por una cohesión interna; por una cohesión inaccesible al observador de sistemas aislados, pero que se revela en el estudio de las transformaciones en tanto permite descubrir propiedades similares en sistemas diferentes.

La pretendida oposición entre pensamiento lógico y pensamiento mítico, según Lévi-Strauss, sólo revela nuestra ignorancia. Pues los valores y las cosas son vehículos de relación, signos sujetos al orden del espíritu que sólo adquieren sentido por su relación con otros signos. El espíritu separa, combina y emite; el espíritu transforma lo sensible en signos, aunque no nos demos cuenta de ello.

Corresponde a la historia explicar los acontecimientos en su tiempo y contexto. Pero los acontecimientos sólo resultan significativos por su relación con otros acontecimientos.

NOTAS

[1] *The architecture and fittings of a hall, as well as its dimensions, were geared to the supreme moment when the lord, his household and its guests feasted together, and demonstrated the strength and unity of the household and the wealth and generosity of his lord.*
Girouard, Mark. *Life in the English Country House. A Social and Architectural History.* Yale University Press. New Haven y Londres, 1984 (1978). Pág. 34.

[2] Lloyd, Nathaniel. *History of the English House.* Architectural Press. Londres, 1975 (1931). Págs. 184 y 187.

[3] Braun, Hugh. *Old English Houses.* Ed. Faber and Faber. Londres, 1962. Pág. 27.

[4] *Byzantine building technique was closely allied to that of the Middle East, a region which provided its houses with flat roofs, pleasant to live on during fine weather.*
Braun, Hugh. *Ibid.* Pág. 26.

[5] *The jews were rich and had more to lose in a fire; also as money-lenders, they were unpopular and so liable to attack by the mob.*
Wood, Margaret. *The English Mediaeval House.* Harper Colophon Books. Nueva York, 1965.

[6] *The lord sat at the centre of a table across one end of the hall. From this position he showed his visage, in the manner recommended by Grosseteste, to his household sitting at tables places along the hall before him.*
Girouard, Mark. *Op. cit.* Pág. 34. (En la cita se ha omitido intencionadamente la referencia a Grosseteste).

[7] *... all the building illustrated thus far have more or less the form of inverted boats or ships... In this relation it is, therefore, interesting to note that the word nave is derived from the latin navis, while the german word for the nave of a church is schiff, a ship.*
Lloyd, Nathaniel. *Op. cit.* Pág. 16.

[8] *The englishman likes to go upstairs to bed. Only our colonies have abandoned this practice and gone back to primitive bungalow.*
Braun, Hugh. *Op. cit.* Pág. 27.

[9] Jacob, François. *La lógica de lo viviente.* Ed. Laia. Barcelona, 1973. Pág. 346. (Tit. original *La logique du vivant.* París, 1970).

[10] Monod, Jacques. Lección inaugural de la cátedra de biología del College de France. Págs. 15-34, en *Del idealismo físico al idealismo biológico.* Ed. Anagrama. Barcelona, 1972.

[11] — *Le Hasard et la Nécessité*. Ed. du Seui , 1970. Pág. 49. Ed. española, *El azar y la necesidad*. Barral Ed. Barcelona, 1971.

[12] — *Op. cit.* 10. Pág. 22.

[13] Piaget, Jean. "Azar y dialéctica en la epistemología biológica. Un examen crítico de las teorías de Jacques Monod". Texto incluido en *Del idealismo físico al idealismo biológico. Op. cit.* 10, Págs. 52-82.

[14] Monod, Jacques. *Op. cit.* 10. Pág. 33.

Capítulo II

DOS INTERPRETACIONES DEL MODELO MEDIEVAL

Robert Kerr y Hermann Muthesius

El modelo funcional y la arcuitectura libre inglesa
La interpretación de Muthesius

Inglaterra, en los últimos años del siglo XIX, era un modelo de civilización. Los alemanes admiraban su arquitectura y sus costumbres.

Para comprender mejor la arquitectura que se realizaba en Inglaterra, el gobierno alemán nombró al arquitecto Hermann Muthesius agregado en la Embajada Imperial de Londres. Su tarea fue recopilar toda la información disponible sobre la nueva arquitectura doméstica, no para poder disponer de una serie de ejemplos para copiar, sino para mostrar que las formas de las casas inglesas respondían a las formas de vida del país.[1]

Hermann Muthesius estaba enamorado de la casa inglesa. En la introducción al libro *Das Englische Haus*, publicado en el año 1904, insistió en que su admiración por la casa inglesa procedía de su perfecta adecuación a un modo de vida. La mayor parte de sus conclusiones, de hecho, presentaron la casa inglesa como la consecuencia necesaria de los valores, las actitudes y los modos de vida de unas gentes a las que admiraba y con las que convivió a lo largo de casi 7 años. Para demostrar la perfecta adecuación de la casa inglesa al modo de vida inglés, sin embargo, no tuvo inconveniente en utilizar argumentos bastante cuestionables.

Empezó Muthesius mostrando cómo las principales características del modo de vida inglés, la individualidad y la originalidad, tienen su origen en el hecho de que Inglaterra, por ser una isla, permanece apartada de los países del continente europeo. *Incluso las diferencias entre germanos y latinos, por fuertes que éstas sean, no pueden compararse con la profunda individualidad que caracteriza a los ingleses.*[2]

La individualidad caracteriza, según Muthesius, todos los aspectos de la cultura inglesa. Inglaterra, escribió, *es el único país desarrollado en el que la mayoría de la población vive en casas aisladas, una costumbre que ha sobrevivido a todos los cambios políticos, sociales y económicos que la civilización europea ha introducido en los últimos 150 años.* Y continuaba, más adelante: *a pesar del desarrollo industrial, el inglés sigue amando la vida en el campo... creando residencias en las áreas rurales y haciendo de ellas pequeños mundos separados que incorporan y concentran todas las comodidades.*

Según Muthesius, *las Islas Británicas no han producido ninguna metrópolis en el sentido continental; el mismo Londres no es más que una inmensa villa... La raza anglosajona demuestra así uno de los más conocidos rasgos de su carácter: la incapacidad del individuo para permanecer subordinado a una totalidad.*

El inglés incorpora la totalidad de la vida a su propia casa. Allí, en el corazón de la familia, autosuficiente, sin sentir la necesidad de ser sociable y cuidando de sus propios intereses en virtual aislamiento, encuentra la felicidad y el verdadero confort espiritual. En Inglaterra uno no vive en la ciudad, uno simplemente permanece en ella.

El amor del inglés por su casa, hizo notar Muthesius, se refleja en los dichos populares: *hogar dulce hogar, mi casa es mi castillo, east and west, home is best,* rima que podría traducirse por, *en cualquier lugar, mejor el hogar,* son algunos ejemplos. También señaló que la palabra *confort* es de origen inglés y se refiere a la calidad que el inglés busca especialmente para su casa.

Más adelante, en la misma introducción, volvió a insistir en que, *el sentido de independencia del inglés le lleva a vivir en casas aisladas. El pronunciado sentido de autosuficiencia y la poderosa necesidad de independencia que caracteriza a la raza anglosajona son el origen de la costumbre de vivir en casas aisladas. La influencia del opresivo clima de la isla es una razón añadida para explicar el amor del inglés por su casa.*

Muthesius, dispuesto a llevar hasta el final sus argumentos deterministas, ofreció curiosas justificaciones, sociológico-climáticas, del modo de vida inglés. *La opresión del espíritu que provocan las condiciones climáticas induce también una reacción, que cualquiera que haya vivido en Inglaterra ha tenido que sentir: el deseo de realizar ejercicio físico. El ejercicio físico es el único antídoto a la influencia depresiva del clima inglés.* Los juegos al aire libre, la afición por la caza, la pesca, el paseo o el ciclismo son expresiones de la misma necesidad. Y la necesidad de realizar ejercicio físico hace deseable vivir en el campo.

Otro elemento que contribuye a la preferencia del inglés por vivir en el campo es la belleza del paisaje, concluyó.

Después de describir apasionadamente la belleza de la campiña inglesa, se sintió obligado a volver sobre los valores implícitos en la vida en el campo. *No se puede esperar que la ramplonería urbana actual pueda sustituir a los valores morales y éticos que son inherentes a la casa privada, al hogar familiar... La tranquilidad de tener nuestras cuatro paredes, el sentimiento de satisfacción, el desarrollo de nuestra personalidad y la protección de nuestro talento, que debe ser considerada como nuestra misión en la vida, muy difícilmente pueden encontrar un lugar en la vida nómada metropolitana. Las condiciones de vida metropolitanas, como la misma metrópolis, provocan inestabilidad, dispersión y superficialidad.*

Más adelante, después de rechazar algunas de las hipotéticas ventajas de vivir en la ciudad, remató: *la búsqueda de placeres en las grandes ciudades ha conducido a muchos hombres a caer en los brazos de las prostitutas....*

Es bien conocido el hecho de que la gran mayoría de los hombres que son promotores de la cultura proviene del campo o de pequeñas ciudades y que las metrópolis no pueden sobrevivir espiritualmente sin la continua aportación de estas influencias renovadoras. Vivir en casas de campo es algo necesario si se quiere crear una cultura artística, pensaba, *no estudiando la historia del arte, ni aprendiendo estilos artísticos, ni visitando museos o cualquier nuevo sustituto para la práctica del arte, sino buscando en nuestro corazón.*

La casa inglesa respondía para Muthesius, ante todo, a una actitud moral frente al mundo. *Como podemos ver, las casas inglesas se reducen a la esencia y se adaptan a las circunstancias. El esfuerzo que se realiza en ellas por adaptarlas a las necesidades objetivas debe servir de ejemplo. El inglés construye su casa exclusivamente para sí mismo, no siente la necesidad de llamar la atención, no piensa en fiestas o banquetes y evita la ostentación.*

El primer propósito de un estudio como el presente, insistió, *no es presentar una serie de bonitos ejemplos para copiar, sino mostrar cómo las formas de la casa inglesa derivan de los condicionantes que existen en Inglaterra... el valor principal de esta investigación debe ser el descubrimiento de los mecanismos de adaptación.*

De todas estas consideraciones se deduce que estaba plenamente identificado con los principios morales y éticos que surgieron en Inglaterra como reacción contra las formas y los usos victorianos. Pero en lugar de establecer una conexión entre la arquitectura doméstica de la segunda mitad del siglo XIX y la arquitectura de otros momentos históricos, interpretó la nueva arquitectura como la consecuencia de una forma de vida intemporal, de una forma de vida que tenía su origen el campo y era, por tanto, razonable, sana y honesta. De una forma de vida adecuada, además, a las condiciones sociales, geográficas y climáticas que existían en el país.

La casa inglesa era moderna y funcional, según Muthesius, no sólo por su carácter pintoresco y su aspecto medieval, sino también y sobre todo por su *habitabilidad* y *domesticidad*.

W. R. Lethaby definió a Muthesius como el historiador de la arquitectura libre inglesa y el encargado de situar a la arquitectura doméstica inglesa de la segunda mitad del XIX en el lugar que le corresponde en la historia de la arquitectura.[3] Julius Posener, en el prólogo a la edición inglesa de *Das Englische Haus*, afirmó que Muthesius situó a las raíces de la nueva arquitectura inglesa en la historia de la construcción medieval y *tudor*.

Pero estas afirmaciones deben matizarse, pues Muthesius no hizo apenas referencias a la historia y, cuando las hizo, fue de forma tangencial. Posener también tuvo que precisar: *el libro de Muthesius, además de ser un estudio extremadamente riguroso, documentado y crítico, es un manifiesto, (pamphlet, en el texto) con intención pedagógica, en el sentido de considerar a la casa tardo-victoriana como un organismo perfectamente adaptado a una forma de vida.*[4]

Fue Posener, de hecho, quien comparó la libre arquitectura inglesa con la arquitectura doméstica medieval. En el capítulo "Muthesius in England", perteneciente a su libro *From Schinkel to the Bahuaus*, relacionó las casas de campo victorianas y eduardianas con la mansión señorial medieval. A continuación se exponen sus argumentos a modo de resumen.

Según Posener, la vida social en las casas de campo inglesas requería una compleja organización de los alojamientos. Si se pretendía alojar seis huéspedes en la misma casa (los caballeros con sus mayordomos y las damas con sus doncellas) era necesario disponer de un gran

número de habitaciones de invitados y de una amplia zona de servicio
para los criados.

Los estrictos rituales de la vida doméstica exigían espacios complejos y
especializados. El comedor se complementaba con una sala anexa a la
que se retiraban las señoras mientras los caballeros bebían oporto. En
otra habitación, sólo se servía el desayuno por las mañanas. El dormitorio principal era un apartamento completo compuesto por el dormitorio
propiamente dicho, el tocador y el baño. En el tocador se situaba un sofá
para que el señor pudiera acostarse tarde sin despertar a su esposa.
Los niños disponían de su propio dormitorio, de un cuarto para juegos y
de una habitación para recibir las clases de su tutor. Cercana a estas
piezas se situaba la habitación de la niñera. Una residencia señorial,
por último, requería de otras piezas especializadas: la biblioteca, el
cuarto de armas, la habitación de fumar, la galería de pintura, la sala del
billar, el cuarto de música, etc.

Todas las piezas debían disponer del máximo de privacidad. Las puertas se situaban en una esquina de la habitación de manera que, aba-
tiendo la hoja hacia la zona de la estancia, la misma hoja ocultase a la
persona que entraba, dando tiempo para que aquéllos que se encontraban en la habitación se pudieran preparar para recibirla.

La casa de campo del siglo XIX, según Posener, descendía de la mansión señorial medieval. La casa medieval, aclaró, se componía del *hall*,
un vestíbulo de entrada separado del *hall* por el *screen*, y un ala de servicio, que ya en la época Tudor contenía un gran número de piezas especializadas. El *hall* tenía dos partes, la parte de los señores, que estaba
elevada y ocupaba el extremo opuesto al vestíbulo, y la parte de los criados, entre la zona elevada de los señores y el *screen*, que además contenía dos grandes mesas y una chimenea. Todavía hoy los comedores de
los colegios universitarios se organizan del mismo modo: los estudiantes comen en la zona baja mientras los profesores lo hacen sobre la
tarima elevada.

El dormitorio de la familia se situaba detrás de la tarima o cabecera del
hall. Más tarde lo hizo el cuarto de estar. Mientras el *hall*, la cocina y las
despensas eran el núcleo de la casa, las piezas habitables podían ser
añadidas a voluntad. La casa, al contrario que las mansiones italianas o

francesas, se construía por adición de piezas. Mientras que las habitaciones de los palacios europeos eran intercambiables y formaban secuencias de espacios que podían ser dedicados a cualquier uso, la mansión señorial inglesa combinaba, en una forma abierta y aditiva, gran número de piezas especializadas y autónomas.

En el siglo XIX, debido a la gran complicación del programa y el gran número de piezas especializadas, no se podía aplicar directamente este método de composición. A pesar de ello, el método medieval mostró a los arquitectos del siglo XIX la manera de abandonar las tradiciones formales de origen latino para planificar las viviendas según el gusto pintoresco y hacerlas más confortables.[5]

Estas explicaciones fueron realizadas en el año 1972, cuando el tipo medieval ya se conocía en Inglaterra. El modelo medieval que proponía Muthesius, sin embargo, era completamente ajeno a la mansión señorial del medioevo, que prácticamente se desconocía. Era un modelo genérico e idealizado que se fundamentaba en la utilidad y confiaba en la libre estructuración de las piezas. Una prueba de ello es que, cuando se refiere en su libro al *hall de la antigüedad*, lo hace sólo para mostrar su falta de utilidad y para desaconsejar su empleo en la nueva arquitectura: *en esta forma* (se refiere al *hall*) *se puede apreciar un fuerte contraste con el resto de las cualidades de la arquitectura inglesa moderna... El* hall *no tiene ninguna utilidad real. Existen pocas ocasiones para usar su gran capacidad, por lo que se sitúa a un lado de la puerta principal, ocupando en la planta una posición equivocada (?) para ser utilizado como sala de banquetes.*[6] Muthesius había advertido que el inglés no piensa en fiestas o banquetes y evita siempre la ostentación.

Para Muthesius, el tradicional hall estaba condenado a desaparecer. Cuando describe una de las viviendas de Richard Norman Shaw, *el primer arquitecto moderno*, según sus palabras, sólo puede justificar esta pieza en función de su capacidad para mostrar un *romanticismo retrospectivo* y un *amateurismo arqueológico*.[7]

Pero Norman Shaw no se limitó a introducir el *hall* en sus viviendas, sino que lo convirtió en la pieza fundamental de la residencia y lo relacionó estructuralmente con el resto de las piezas de acuerdo con el tipo medieval real.

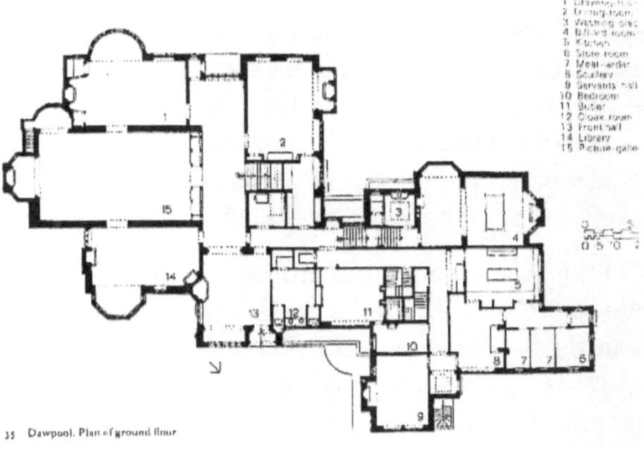

Richard Norman Shaw. Adcote, Shropshire (1875-81) y
Dawpool, Cheshire (1880). Ilustraciones de H. Muthesius,
Das Englische Haus.

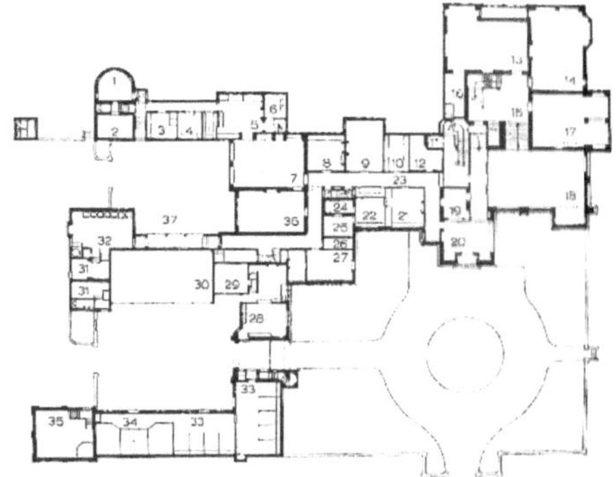

W. E. Nesfield. Planta baja de Cloverley Hall. Shropshire (1865). Ilustración de H. Muthesius en *Das Englische Haus*. (A la derecha, con el número 18 se indica el *hall*, de doble altura, con su *screen passage*).

En algunas casas de Shaw, aparecen el *screen* y sus aberturas, el pasillo en el eje hacia la zona de servicio, la ventana lateral del *dais*, el *screen passage* y la galería de los músicos, todos con la disposición que tenían en Haddon Hall y Penshurst Place. Esto se entiende porque Shaw conocía muy bien Penshurst Place y había dibujado esta mansión señorial en agosto del año 1862.

No parecía preocupar a Muthesius que el *hall* de la antigüedad apareciese también en su libro ilustrando en dos de las viviendas más relevantes de Eden Nesfield: Cloverley Hall y Plas Dinam. Pues la fe de Muthesius en el modelo ideal era tan grande que el *hall* de las casas de Nesfield le parecía irrelevante.

El único propósito del *hall*, remató Muthesius, *es crear una impresión estética. Una gran cantidad de espacio se sacrifica para ello, puesto que el* hall *normalmente ocupa dos alturas.*[8]

Para entender la contradicción de Muthesius al proponer el modelo medieval y rechazar simultáneamente las características más significativas de la mansión del medioevo, conviene insistir en que su posición respecto a la arquitectura inglesa era fundamentalmente sentimental e ideológica. Las siguientes afirmaciones de Muthesius lo confirman.

La arquitectura de la época, especialmente la arquitectura doméstica, tenía una gran necesidad de reorganización como oficio artístico. Como hemos visto, la casa se encontraba bajo los efectos del frío abrazo del clasicismo... y se construía según un esquema axial y simétrico, como una caja, a la manera de las villas italianas... con habitaciones rectangulares que siempre tenían una ventana en el eje, con puertas extremadamente pequeñas, con paredes pintadas al óleo para simular mármoles, etc.[9]

Por otro lado, el revival gótico tampoco parece una alternativa al clásico. El formalismo reina en los dos casos. Ambos son pastiches... El cambio se produjo en los años 60 por tres arquitectos que tomaron la iniciativa de abandonar el pastiche en la arquitectura... diseñando libremente, prestando atención a la utilidad, a los materiales y a otras consideraciones prácticas. Al mismo tiempo, ellos dirigieron su mirada hacia las casas de campo más sencillas, hacia las casas de los pueblos o de las pequeñas ciudades, construidas según la tradición de los antiguos artesanos de la mampostería. Estos tres hombres fueron Philip Webb, Eden Nesfield y Norman Shaw.

La alternativa consistió en que los arquitectos debían recuperar las tradiciones de los antiguos maestros canteros, abandonando cualquier indicio de bella arquitectura (fine architecture) *comenzando a construir con sencillez y racionalmente. La idea, que hoy parece simple, fue entonces tan extraña como para que su aplicación llevase aparejada una revolución artística. Para asumir esta idea eran necesarias dos condiciones: primero, reconocer que la práctica anterior había estado equivocada, segundo, reconocer que los antiguos edificios de los maestros canteros, eran trabajos artísticos más honrados y nobles que las abstracciones con que resolvían los mismos problemas los arquitectos dedicados a la bella arquitectura.*

El carácter de los edificios de la arquitectura vernácula es hoy reconocido cuando se consideran a aquellos edificios como prototipos de la pequeña casa moderna. Ellos poseían todo lo que se podía desear: simplicidad de percepción, lógica estructural, formas naturales, diseño racional y práctico, habitaciones de formas adecuadas...

Todas estas ideas indican que el modelo medieval que proponía Muthesius no era el modelo histórico real, sino un modelo imaginario que respondía a las idealizadas características que los moralistas ingleses adjudicaban a la arquitectura doméstica medieval. Su actitud sentimental y moralizante era deudora de las teorías de Ruskin y Morris, a los cuales calificó como *profetas* y *pioneros de la nueva cultura artística*, 30 años antes que Pevsner.

Las diferencias entre el modelo idealizado y el modelo basado en el tipo real fueron apreciadas, sin embargo, por aquellos arquitectos que, situados al margen de las ideologías que relacionaban el mundo medieval con valores morales, se dedicaron a proyectar residencias tratando de integrar los distintos modos y modelos que les proporcionaba la tradición. Según Andrew Saint, conforme la generación de Shaw fue madurando, muchos arquitectos, incluso los que se consideraban discípulos de Pugin, desearon librarse de las cadenas con que éste había unido arquitectura y religión, para afirmar así la autonomía de la arquitectura. Webb, Nesfield y Shaw fueron algunos de aquellos arquitectos.

Según Saint, las convicciones personales de Shaw, que habían sido simplemente aceptadas sin ningún tipo de ajuste, debieron verse afectadas por las influencias del darwinismo, cuya reivindicación dejaba para los especialistas. *En caso contrario, estas ideas podrían haber degenerado en un fanatismo destructor de su libertad y de la confianza en su propia capacidad artística... Para Shaw no había necesidad de lamentarse por ser un hombre dedicado a la casa en lugar de un hombre dedicado a la iglesia, no era necesario lamentarse por construir para los ricos y no para los pobres, cuando Dios solamente requiere la perfecta utilización de nuestros talentos para que éstos puedan llegar a todo el mundo. Incluso Morris tuvo que dedicar la última parte de su vida a difundir y profundizar la filosofía social de Ruskin, con el fin de tapar el oscuro vacío que apareció con la retirada de la religión.*[10]

De cualquier manera, el modelo idealizado defendido por Muthesius implicaba necesariamente la libre adición de piezas y se oponía a cualquier ordenación impuesta a la planta o los alzados. Él mismo explicó que proyectaba sus viviendas tratando de encajar diferentes piezas, *como en un puzzle*. Muthesius, no obstante, aceptaba la separación de la vivienda en dos zonas diferenciadas (la destinada a la familia y la del servicio), la articulación de las piezas según los dos ejes perpendiculares y, curiosamente, la apertura de grandes ventanales de acuerdo con la tradición constructiva medieval.

La actitud sentimental de Muthesius hacia la arquitectura medieval se aprecia bien en los siguientes comentarios. *El arte de Italia ha tratado a la ventana como un simple hueco en el muro. Las ventanas se disponen uniformemente por la fachada. Su carácter de hueco se realza con un marco arquitectónico y la simetría del conjunto de la composición exige nichos incluso donde no hacen falta ventanas. ¡Qué diferente es en la construcción del norte! Las ventanas se enlazan juntas, apareciendo al exterior en el lugar exacto donde se requieren en el interior; por tanto expresan el interior y reflejan la misma esencia de la casa.*[11]

Los defensores del modelo idealizado daban por supuesta la adecuación de la forma a los usos y despreciaban las relaciones entre las formas y los significados. La iluminación, la higiene y la salud determinaban la forma; y la adecuación de la forma a los usos se expresaba en la planta. Para demostrarlo, Muthesius explicó que Shaw concedía escaso o nulo interés a los exteriores de sus casas: *para Shaw, el placer de diseñar terminaba en la planta... sus plantas no pretenden ser románticas sino exclusivamente prácticas*, y aquí olvidaba las objeciones que le hacía cuando utilizaba el *hall* medieval en sus residencias.[12]

El rechazo de la apariencia exterior en beneficio de la planta formaba parte de la corriente contraria a la utilización de los estilos en la arquitectura residencial. Dicha corriente no trataba tanto de evitar las referencias a la arquitectura de la antigüedad, como de adoptar una actitud de indiferencia hacia las formas del pasado, dando por supuesto que las nuevas residencias debían tener un aspecto medieval. Las ventanas de tracería gótica y las grandes chimeneas agrupadas, por ejemplo, eran elementos apreciados por Muthesius, al tiempo que rechazaba el *revival*.

Dos ejemplos del modelo idealizado propuesto por Muthesius son la casa de Baillie Scott en Blackwell (1898-99) y la casa de Edgar Wood en Edgerton (1900). En la primera, el *hall* se encuentra en una posición anómala respecto al tipo del siglo XIV, puesto que el corredor, en lugar de incorporarse en el lado menor del *hall*, lo hace en su lado mayor, siendo perpendicular al vestíbulo de acceso. El *hall* es de una planta y tiene otras piezas encima aunque, según Muthesius, *esta casa combina la dignidad con un gran confort y con una atmósfera poética.*[13]

En la segunda, el carácter aditivo de la planta es todavía más acusado, pero el *hall* se convierte en una simple sala de billar y desaparecen el

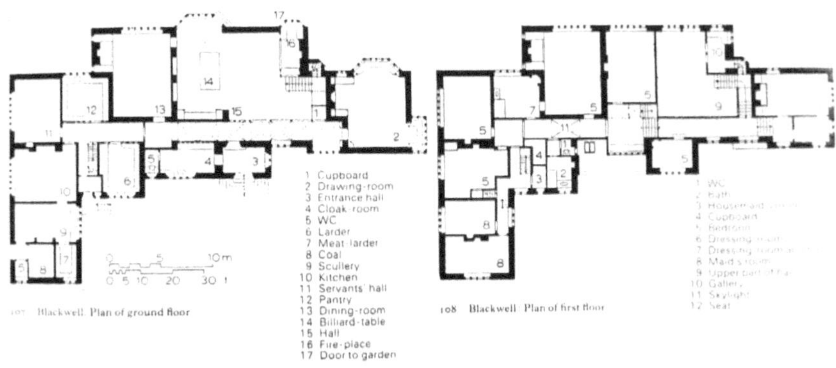

1 Cupboard
2 Drawing-room
3 Entrance hall
4 Cloak-room
5 WC
6 Larder
7 Meat-larder
8 Coal
9 Scullery
10 Kitchen
11 Servants' hall
12 Pantry
13 Dining-room
14 Billiard-table
15 Hall
16 Fire-place
17 Door to garden

107 Blackwell. Plan of ground floor

108 Blackwell. Plan of first floor

1 WC
2 Bath
3 Housemaid's room
4 Cupboard
5 Bedroom
6 Dressing-room
7 Dressing-room
8 Maid's room
9 Upper part of hall
10 Gallery
11 Skylight
12 Seat

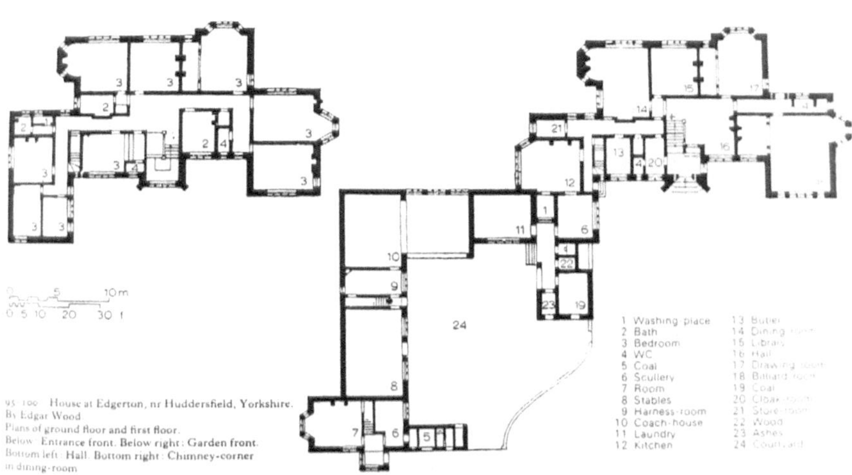

1 Washing-place
2 Bath
3 Bedroom
4 WC
5 Coal
6 Scullery
7 Room
8 Stables
9 Harness-room
10 Coach-house
11 Laundry
12 Kitchen
13 Butler
14 Dining-room
15 Library
16 Hall
17 Drawing-room
18 Billiard-room
19 Coal
20 Cloak-room
21 Store-room
22 Wood
23 Ashes
24 Courtyard

95-100 House at Edgerton, nr Huddersfield, Yorkshire.
By Edgar Wood
Plans of ground floor and first floor.
Below: Entrance front. Below right: Garden front.
Bottom left: Hall. Bottom right: Chimney-corner
in dining-room

Baillie Scott. Blackwell (1898-1899) y
Edgard Wood. Edgerton (1900).
Ilustraciones de Hermann Muthesius en
Das Englische Haus.

screen passage y el corredor perpendicular hacia la zona de servicio. Ambos ejemplos muestran la indiferencia de Muthesius hacia el *hall* medieval y la aceptación sin reservas del modelo aditivo idealizado.

El modelo de *casa ideal suburbana* propuesto por Baillie Scott entre los años 1894 y 1895, sin embargo, presentando también las citadas características, mantenía la doble altura cel *hall* y no era excesivamente irregular, lo cual muestra que los arquitectos que admiraba Muthesius no tenían tantos prejuicios ideológiccs como él.

El modelo medieval aditivo, de estirpe romántica y pintoresca, había además influido en otro arquitecto alemán, Friedrich Schinkel.

Cuando Schinkel viajó a Inglaterra en el año 1826, quedó fascinado por su arquitectura, interesándose tanto por los castillos medievales como por las modernas estructuras de hierro de los almacenes de algodón cercanos a Manchester. Pocos años después, realizó dos proyectos para residencias basándose en agrupaciones asimétricas organizadas según el gusto pintoresco. No obstante, los exteriores fueron tratados con lenguajes figurativos diferentes: la casa de campo para el príncipe Wilhelm en Babelsberg, de acuerdo con el estilo de los castillos medievales ingleses, y la casa en el jardín en Charlottenhof, de acuerdo con un clasicismo esencializado.

Pero el antecedente inmediato de Muthesius, en lo que se refiere al valor que concedió a la distribución de las piezas en planta, fue el arquitecto Robert Kerr, profesor de construcción en el King's College de Londres y uno de los fundadores de la *Architectural Association*.

Robert Kerr, en el manual *The Gentleman's House, How to plan english residences, from the parsonage to the palace; with tables of accommodation and cost, and a series of selected plans*, publicado el año 1864, expuso las bases teóricas para la correcta disposición de las piezas exigibles a la casa del caballero inglés. Ilustró sus propuestas con plantas de distintas épocas, ignorando por completo los aspectos exteriores de las residencias.

En dicho manual, cada habitación fue tratada como una pieza independiente que debía ser ensamblada en un conjunto complejo, de forma parecida al *puzzle* de Muthesius. Cada una de las piezas debía resolver

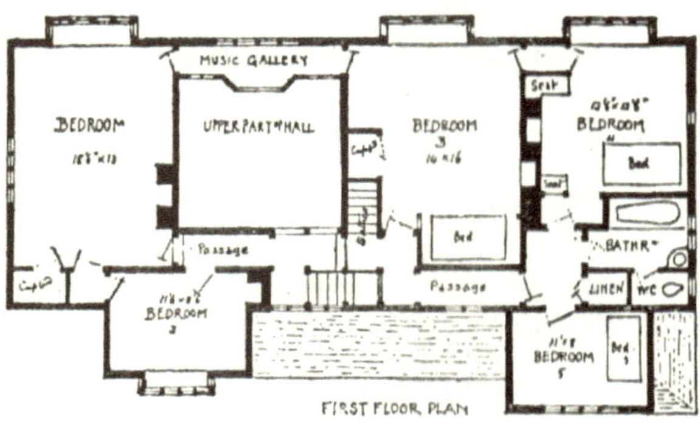

FIRST FLOOR PLAN

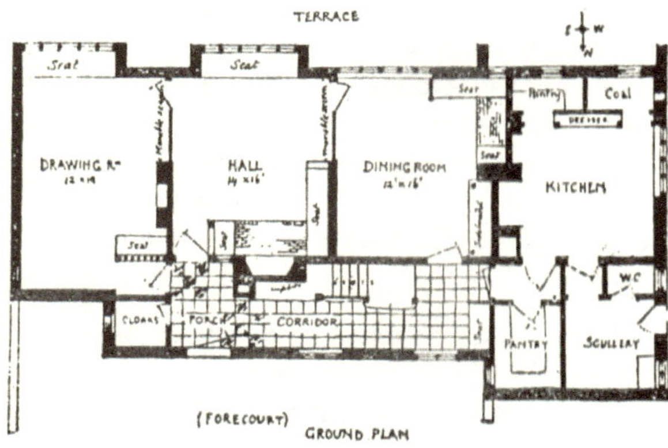

GROUND PLAN

M. H. Baillie Scott. Ideal Suburban
House. Plantas primera y segunda.
(1894-1895)

requerimientos utilitarios específicos y todas ellas debían agruparse para componer un organismo perfectamente adaptado al complejo modo de vida de la sociedad victoriana.

Peter Collins, uno de los pocos historiadores que mencionó la importancia de Robert Kerr en la historia de la arquitectura, explicó la oposición del arquitecto al tratamiento decorativo de los exteriores. Para ello citó parte de la conferencia que Robert Kerr impartió en el RIBA en el año 1869: *la arquitectura, decía con sarcasmo, era como un vestido. El lápiz del arquitecto era como una varita mágica que transforma la estructura de un objeto triste e inanimado en algo elocuente. Este vestido era el ornamento... lo que la gente llama principios de diseño arquitectónico eran simplemente principios de tratamiento arquitectónico, o mejor, tratamiento de la arquitectura. La buena arquitectura es la verdaderamente arquitectónica.*[14]

Con estos argumentos, Kerr señalaba que la arquitectura no debía ser, como era habitual en el siglo XIX, una forma estructural modificada estéticamente por la escultura (*construcción ornamentada*) sino una forma estructural constituida estéticamente (*estructura ornamento*). En cualquier caso, Kerr descartó el problema de la apariencia externa en la vivienda del caballero inglés y dedicó un capítulo completo a explicar la posibilidad de aplicar diez estilos diferentes a una misma planta; el resto del capítulo se destinó a las exigencias del planeamiento, pues los clientes descritos por Kerr no requerían ningún estilo especial. Buscaban, simplemente, *un estilo confortable.*[15]

Tampoco consideraba esencial el conocimiento de las teorías generales sobre la estética para manipular o producir formas arquitectónicas. Los principios de la arquitectura se debían deducir de la práctica profesional: *es imposible que un hombre que no haya pasado por el trabajo de la práctica de la arquitectura y el diseño concreto de edificios pueda entender adecuadamente los principios elementales en los que debe basarse el diseño arquitectónico, escribió en el año 1868.*[16]

Robert Kerr, aunque en un principio siguió las teorías de Ruskin, se fue alejando de ellas conforme avanzaba su carrera profesional. La gran autonomía disciplinar que concedía al diseño de la planta le distanciaba de los manifiestos teóricos sobre el arte o la arquitectura.

Philip Webb. Casa Roja (Red House, 1859). Fachada norte de acceso.

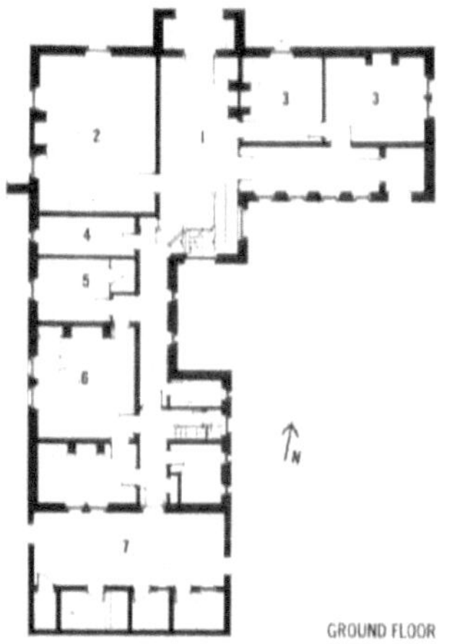

Philip Webb. Casa Roja (Red House, 1859). Plantas.

Fue, de hecho, uno de los principales impulsores en Inglaterra de la imagen del arquitecto profesional, anticipando la actitud de Shaw y Lutyens en casi 30 años.

Según Kerr, *los ideales de Mr. Ruskin aspiran a la poesía de un arte imaginario, porque sus textos son poesía y porque no descienden a los sencillos detalles prosaicos de lo estructural, ya que su preocupación no es la construcción.*

A la frase de Kerr, *Ruskin parece dar poco valor a la belleza que surge de la proporción, adecuación y propiedad y sólo encuentra encanto en las masas, lo rudo y las ruinas,* Peter Collins añadió: *una observación que podría ser igualmente aplicada a todos los críticos amateurs que se extasiaban ante lo sublime y lo pintoresco más que en la integridad estructural y los planes funcionales.*[17]

Considerar el tratado de Robert Kerr como el antecedente directo del libro de Muthesius llevaría a valorar la vía argumental que, sin llegar a estar completamente al margen de las nuevas teorías sobre el arte y la arquitectura, quiso presentar la arquitectura doméstica como un hecho disciplinar, al margen de actitudes sentimentales o ideológicas.

Si la *Casa Roja* proyectada por Philip Webb representó para Muthesius (y posteriormente para Pevsner) la primera casa moderna, constituyendo un hito de la historia de la arquitectura, el libro de Kerr, escrito 5 años después, puede ser considerado el primer tratado profesional que, fundado en el principio de utilidad, prescindió casi por completo de la apariencia exterior.

Las dos vías apuntadas, la moral e ideológica, basada en las teorías de Ruskin y Morris y representada por la Red House, y la profesional, que desde Kerr conduce hasta Shaw, Nesfield y otros arquitectos independientes, fueron confundidas por Muthesius como si entre ellas no hubiera ninguna discrepancia. Pero ambas corrientes estaban separadas.

La vuelta al clasicismo de algunos arquitectos independientes, como Lutyens o Shaw, no hizo más que consumar la ruptura.

El modelo medieval de Robert Kerr

Con el significativo título *La casa del caballero inglés o cómo planificar residencias inglesas, desde la casa del párroco al palacio; con tablas de alojamiento y coste*, y plantas seleccionadas, el manual de Kerr estaba dirigido a los profesionales de la arquitectura. Pretendía el estudio exhaustivo de todos los aspectos que condicionaban la planificación de residencias.

Después de una breve introducción histórica, Kerr definió las condiciones generales que debía cumplir la casa del caballero inglés. Éstas eran, *apacible confort para su familia e invitados, perfecta comodidad para su servicio doméstico, elegancia e importancia sin ostentación.*[18]

Las condiciones particulares de la residencia debían ser las siguientes.[19]

PRIVACIDAD. *La familia constituye una comunidad, los sirvientes otra... En el modelo clásico la privacidad es ciertamente menor...en el modelo medieval nunca es difícil de conseguir... en otras palabras, las vías en línea recta, que en la planificación italiana van desde el centro del edificio hacia el exterior, favorecen necesariamente la publicidad, mientras que los recorridos indirectos de la ordenación medieval favorecen la privacidad.*

CONFORT. *Lo que en Inglaterra llamamos una casa confortable es algo tan íntimamente identificado con las costumbres inglesas como para que podamos decir que, en ningún otro país se comprende tan plenamente el confort como en el nuestro... las peculiaridades de nuestro clima, los hábitos domésticos de casi todas las clases sociales, nuestra reserva familiar y nuestra gran participación de los significados y de los recursos que son necesarios para vivir cómodamente, se combinan para construir lo que llamamos hogar confortable, la más querida posesión de un "Inglés",* (con mayúscula en el texto).

CONVENIENCIA. *En orden a distinguir entre confort y conveniencia debemos decir que la primera cualidad se refiere a lo pasivo, mientras que la segunda se refiere a lo activo; la conveniencia es la característica que resulta de la ordenación de varios departamentos de la vivienda y de sus partes, para facilitar todos los usos y propósitos en perfecta armonía; –un sitio para cada cosa y cada cosa en su sitio–... la conveniencia así entendida tiene necesariamente dos vertientes: la de la familia y la del servicio doméstico.*

Kerr insistió en que la conveniencia puede ser obtenida con más facilidad si se utiliza el modelo irregular medieval, que si se utilizan los esquemas abstractos del clasicismo.

AMPLITUD. *Por ser un factor de confort y conveniencia la amplitud de los espacios nunca debe ser escatimada.*

COMPACTACIÓN. *Que se opone sólo en apariencia a la amplitud... Si combinásemos los requerimientos de privacidad con los de confort y conveniencia obtendríamos una planta extendida y desparramada... la compactación debe evitar que los pasillos sean interminables, tortuosos, o parezcan conducir desde cualquier lugar hacia ninguna parte.*

En términos generales, el objeto de la compactación en la ordenación de la vivienda es simplificar la comunicación. Los recorridos, entonces, constituirán una especie de esqueleto (skeleton plan), sobre el cual se agruparán las habitaciones.

La compactación era el medio para conseguir la unidad de una planta obtenida por la agregación de piezas con diferentes usos y formas. En este punto, Kerr se vio obligado a reconocer que el modelo italiano posee entre sus elementos un alto grado de compactación, pero,... *al mismo tiempo tiene una considerable tendencia hacia la mera regularidad que lo hace engañoso.* Para Kerr, el modelo isabelino era más satisfactorio y tenía más mérito, *puesto que consigue la compactación sin recurrir a la simetría de la planta.*

ILUMINACIÓN Y VENTILACIÓN. *Permitiendo que cada habitación de la casa, e incluso cada pasillo, se encuentre suficientemente iluminado y ventilado desde ambiente exterior... la luz y el aire tomadas desde otras piezas, incluso en las zonas de almacenamiento, deben ser aceptadas solamente como último recurso y bajo las condiciones más favorables posibles.*

SALUBRIDAD. *Alejando de las ventanas de las habitaciones familiares y de los pasillos cualquier olor ofensivo; evitando vistas sobre lugares desagradables o sucios... separando los establos, las lavanderías, etc.*

ASPECTO Y PERSPECTIVAS (*ASPECT AND PROSPECT*). *El aspecto de una habitación se debe a la relación de sus ventanas con el sol y las condiciones climáticas; viento, lluvia, etc. La perspectiva es simplemente la vista que se obtiene desde sus ventanas, que debe relacionarse, primero con el paisaje y segundo, con la luz con la que se ve ese paisaje.*

En este apartado Kerr propuso la utilización de un *aspect compass*, un diagrama circular que servía para determinar con exactitud la cantidad de luz y la dirección de los rayos solares que inciden sobre cualquier ventana de la vivienda, a cualquier hora del día y cualquier día del año. Los únicos datos necesarios para resolver el problema eran la orientación de la ventana y las coordenadas del lugar en el que se situaba la casa. Pretendía establecer de este modo reglas objetivas para disponer cada habitación de acuerdo con las necesidades de soleamiento e iluminación. No obstante, reconoció que la ciencia tiene todavía mucho que decir sobre ello.

ALEGRÍA. *El principal factor de alegría en la vivienda es la luz solar, por lo que debe buscarse la orientación más adecuada para cada habitación.*

Otros elementos de alegría son la amplitud de la planta, la altura de los techos, la iluminación y la ventilación, la luminosidad de la decoración y el mobiliario –que no debe ser excesivamente masivo ni oscuro–, complementados por la elegancia del diseño, por el confort general y la conveniencia de la ordenación.

ELEGANCIA. *Es fácil comprender que, más tarde o más temprano, el lujo que rodea a la opulencia se hace tedioso... la elegancia implica precisión, delicadeza y calma y evita la ostentación de cualquier clase; no significa riqueza ni exceso, suntuosidad ni amaneramiento; es el poder contenido que corresponde al gusto cultivado y, seguramente, saciado.*

IMPORTANCIA. *Evitando crear apariencias ficticias, especialmente en cuanto a cantidad y tamaño. En esta cualidad, Kerr tiene que volver a reconocer la superioridad del modelo clásico; a pesar de ello, estamos obligados a señalar que esta cualidad se ha llevado frecuentemente al exceso en las mansiones palladianas, tanto en la ordenación como en el diseño de la decoración... El modelo medieval en planta no tiene la tendencia a caer en este error.*

ORNAMENTACIÓN. *El adorno muy elaborado es casi invariablemente vulgar... la moderación debe ser la regla... evitando la exhuberancia pero sin caer en la pobreza.*

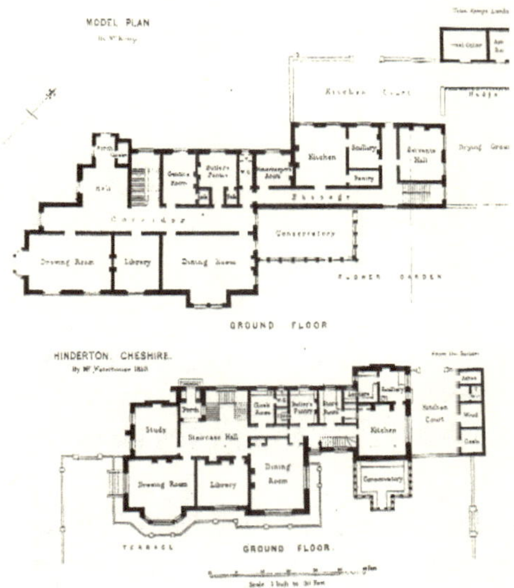

Plantas modelo proyectadas por los arquitectos Kemp y Waterhouse. (1859).
Ilustraciones de *The Gentleman's House*. (Lámina 34).

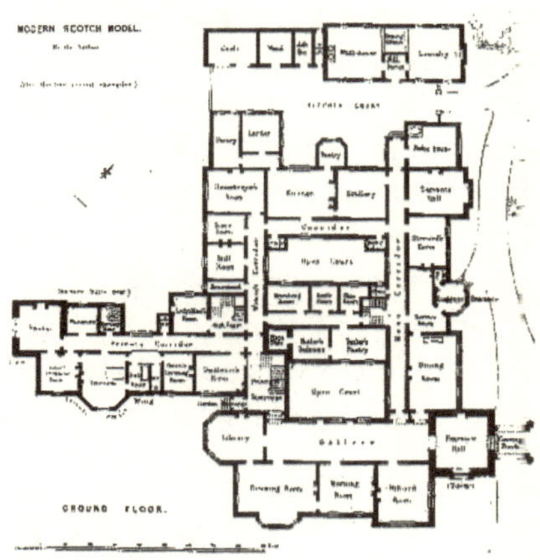

Planta del modelo escocés moderno proyectada por Robert Kerr. (Sin fechar).
Ilustraciones de *The Gentleman's House*. (Lámina 29).

Kerr concluyó: *La casa de un caballero inglés no sólo debe ser sólida, confortable, conveniente, bien amueblada y justamente ornamentada sino que debe expresar además una cierta liberalidad intelectual, fidelidad a la simplicidad, moderación y elegancia...*

Estas condiciones fueron aplicadas a cada una de las piezas que podían incorporarse a la casa del caballero inglés de manera que la interminable lista de piezas, agrupadas en nueve secciones, ocupa la mayor parte del manual.

Kerr pretendía ofrecer a los arquitectos un repertorio de piezas para que pudieran ser reunidas en el proyecto. De las plantas ilustradas, sin embargo, no se pueden deducir principios generales de composición, sino sólo parciales.

Los dos modelos realizados por los arquitectos Kemp y Waterhouse, proyectados el mismo año que Webb proyectó la *Red House*, por ejemplo, presentan varias características comunes. El vestíbulo de acceso se sitúa en un lado de la residencia y conduce hacia un pasillo transversal que conecta el vestíbulo con la zona de servicio. Al final del pasillo aparece la entrada de servicio. Pero resulta chocante que no se parezcan mucho a los modelos diseñados por Kerr, *el modelo escocés moderno y la mansión isabelina*.

El modelo escocés moderno, basado quizás en Hengrave Hall, organiza las piezas mediante dos pasillos paralelos que enmarcan dos patios y las piezas de servicio. La duplicidad de pasillos, en este caso, responde a la estricta moral victoriana, pues un pasillo se adjudicaba a los hombres y otro a las mujeres. El modelo de *mansión isabelina*, por su parte, conserva el antiguo porche, el *screen passage* y el *hall*, pero estas piezas no tienen la relevancia que tuvieron en otras épocas, pues la ordenación de las piezas principales en torno a una gran galería de pintura (convertida en patio en las dos plantas superiores) hace que permanezcan en segundo plano y pierdan la relevancia que tuvieron en otros momentos.

En la ampliación de una pequeña casa de campo en Dunsdale, por último, Kerr utilizó, tanto los principios de la composición libre y agregativa propios del modelo medieval idealizado y de la sensibilidad pintoresca, como el principio de axialidad derivado de la composición clasicista.

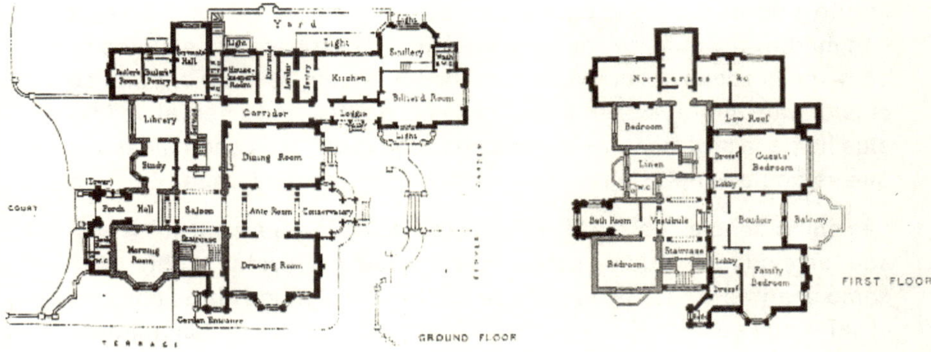

Robert Kerr. Proyecto para la ampliación de una casa en Dunsdale, Kent. 1958. Lámina 41 de *The Gentleman's House*.

En Dunsdale optó por mantener la ordenación en forma de cruz de la casa original y enfatizar el eje de acceso, añadiendo en la entrada varios pares de columnas perfectamente simétricas. Completó el cruce de ejes añadiendo en un extremo un corredor de servicio paralelo al eje de acceso. Aunque la posición de la sala de billar, situada en el extremo de este corredor, junto a la cocina, es difícilmente justificable.

Como se ha indicado, no existen imágenes en el manual que den idea de la apariencia exterior de los modelos mencionados. Sólo en el capítulo titulado *Notas sobre el estilo arquitectónico* (que significativamente ocupa un espacio similar al capítulo dedicado a los costes de la edificación), Kerr se limitó a citar varios estilos arquitectónicos posibles para la casa del caballero inglés. Éstos eran el isabelino, el palladiano, el nuevo isabelino, el italiano rural, el de los palacios italianos, el italiano francés, el renacimiento inglés, el medieval o gótico, el estilo *cottage* y el *baronal* escocés. No obstante, insistió en presentar el estilo medieval (que se confundía con el isabelino) como la única alternativa a los *abusos formales* y la *fría abstracción* de los estilos italianos.

Frente a las contaminaciones clasicistas y francesas, el modelo agregativo medieval, *moderno* y *vigoroso* según Robert Kerr, era el único capaz de resolver todas las demandas del caballero inglés. Ésta era una conclusión que anticipaba en casi 40 años la actitud sentimental de Muthesius hacia la arquitectura inglesa, así como sus ideas acerca del modelo que se debía adoptar para proyectar residencias modernas.

Las coincidencias entre *Das Englische Haus* y *The Gentleman's House* son tan evidentes que no parece aventurado interpretar la obra de Kerr como el antecedente de la obra de Muthesius. Ambas obras comparten el valor que se concede al confort y la utilidad como condicionantes de la forma construida, la importancia del programa y las circulaciones, la oposición entre el modelo idealizado, aditivo y abierto, y el modelo clasicista, rígido y cerrado, la autonomía concedida a la planta, la fe en la objetividad de los argumentos, el escaso valor que tiene la apariencia exterior de la residencia y el rechazo del tipo medieval estructurado en torno al *hall*.

Las coincidencias son tan significativas que cabría sospechar que Muthesius se aprovechó del trabajo de Kerr. Pero esta posibilidad no resta valor a su trabajo. Muthesius merece ser considerado, con justicia, el puente entre la arquitectura doméstica inglesa y la arquitectura moderna que se realizó en el continente: ¿cómo explicar, sin recurrir a Muthesius, la influencia del modelo idealizado en Europa?

El papel que Muthesius concedió a la utilidad como condicionante de la forma, que curiosamente le condujo a defender la necesidad del tipo y enfrentarse a Van de Velde, permite relacionarle con la tendencia hacia la *neue bauen* que, según Posener, sustituyó la Arquitectura con mayúsculas por construcciones que crecen orgánicamente desde dentro hacia fuera. También se podría considerar a Muthesius, como sugiere Kenneth Frampton, el puente entre la libre arquitectura inglesa y el *raumplan* de Loos.[20] Y es cierto que Muthesius, a diferencia de Kerr, evitó las *vistas directas* que aumentaban la *publicidad* y forzaban simetrías parciales. Pero la conexión entre las propuestas de Muthesius y Loos parece un tanto forzada.

Más significativas son las dificultades que encontró Muthesius para justificar las últimas obras de su admirado y *más creativo de los*

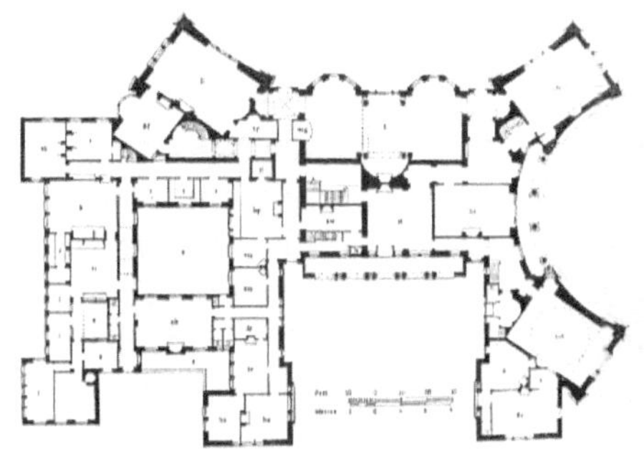

R. Norman Shaw. Chesters, Northumberland, 1890.
Planta baja y vista de la fachada al jardín.

arquitectos modernos, Richard Norman Shaw. El orden y la regularidad clasicista, que tanto exasperaban a Muthesius, eran para Shaw moneda corriente. Cuando Muthesius publicó *Das Englische Haus*, hacía ya varios años que Shaw había construido la residencia Chesters, en la cual la simetría y la monumentalidad, a pesar de la brusca irrupción de la zona de servicio en la zona familiar, tenía un papel muy relevante.

En las primeras páginas de *Das Englische Haus* Muthesius afirmó que Shaw nunca se dejó dominar por las formas históricas, pero tuvo que reconocer, un poco más adelante, que en la década de los 80 dio un giro hacia el historicismo. Muthesius se vio obligado a explicar las razones por las que un arquitecto tan creativo como Shaw volvió sus ojos hacia las formas históricas del clasicismo: *es una cuestión difícil de responder y a la que se podrían dar varias respuestas diferentes... cambios así en las personas nunca pueden explicarse por un sólo acontecimiento: los que hayan permanecido fieles al estilo clásico dirán que el maestro se ha vuelto a convertir a la verdad; otros sugerirán que la fuerza de su creatividad estaba agotándose, después de haberla utilizado durante los mejores años de su vida, cuando se encontraba en plenas facultades.*[21]

También sugirió que el desplazamiento de Shaw hacia el clasicismo estaba condicionado por el cambio que se estaba produciendo en aquellos años en Inglaterra, *desde el liberalismo al conservadurismo. Que el giro de Shaw podría responder a un movimiento pendular de acción y reacción y que sólo suponía, en tal caso, un alto en el camino hacia la obtención de formas perfectamente adecuadas a la época y al lugar,... lejos de la estricta y obstinada arquitectura italiana, de los órdenes clásicos y de la obsesión por la simetría.*[22]

Pero no tuvo en cuenta que la colisión entre los modos clasicista y medieval se había producido antes en Inglaterra, cuando el orden formal procedente de Italia chocó con las formas de la tradición medieval. No pensó que el encuentro del orden clasicista con los modos tradicionales había generado en el siglo XVI numerosas residencias singulares que tampoco eran ni medievales ni clasicistas, sino montajes difíciles de clasificar.

Los esfuerzos realizados por los arquitectos sin prejuicios ideológicos para integrar los modelos medievales y el modelo clasicista, todavía muy vivo en Inglaterra, recuerdan los esfuerzos que realizaron los *señores* del siglo XVI para construir residencias innovadoras capaces de representar los valores que procedían del continente y de causar a la reina, en el caso que decidiese visitarles, una grata impresión.

Las grandes residencias isabelinas habían sido antes concebidas de un modo semejante a las formas regulares (*devices*) que los ingleses de clase alta imponían a textos escritos, elementos decorativos y la presentación de los platos, para mostrar su ingenio, reconocerse como parte de una élite y justificar su privilegiada posición en la sociedad.

La fachada de Longleat, por ejemplo, fue concebida como una envolvente prácticamente regular que se superpuso a una distribución interior irregular. También Wollaton Hall fue un juego formal ingenioso realizado con el fin de conciliar las formas medievales y las clasicistas. Nunca antes se había visto una residencia con un gran *hall* en el centro y con una enorme sala vacía construida sobre él.

El objetivo de los señores isabelinos, en todos estos casos, fue conseguir una arquitectura nueva y actual, pero sin renunciar a las formas y usos tradicionales.

Éste fue también el objetivo de los arquitectos del siglo XIX que, dedicados a la profesión, permanecieron al margen de las disputas ideológicas del momento.

NOTAS

[1] *... the prime purpose of a study like the present one must be to show how closeley all the external forms of the English house meet the natural conditions obtaining in England, rather than to pick out fine examples that would be worth copying in over situation.* Muthesius, Hermann. *The English House*. BSP Professional Books. Oxford, 1979 (1908). Pág. 11. (Tit. or. *Das Englische Haus*. Trad. Janet Seligman).

[2] Las siguientes citas de Hermann Muthesius, incluidas en las páginas 57, 58 y 59 de este estudio, pertenecen a la introducción de la edición inglesa de su libro *Das Englische Haus*, (págs. 7 a 11), y no se transcriben aquí en inglés, por tratarse de una traducción del alemán. La nota anterior debe considerarse una excepción.

[3] Lethaby, William R. *Form in Civilization*. Oxford University Press. 1922. Del capítulo VIII, "La arquitectura moderna alemana y lo que podemos aprender de ella".

[4] Posener, Julius. De la introducción a la edición inglesa del libro de Muthesius, *Das Englische Haus*. *Op. cit*. Págs. IX y X.

[5] — *From Schinkel to the Bauhaus*. Architectural Association. Paper N° 5. Londres, 1972. Extracto del capítulo, "Muthesius in England".

[6] Muthesius, Hermann. *Op. cit*. Pág. 90.

[7] — *Op. cit*. Págs. 26 y 90.

[8] — *Op. cit*. Pág. 91.

[9] — *Op. cit*. Pág. 15.

[10] Saint, Andrew. *Richard Norman Shaw*. Yale University Press. New Haven y Londres, 1976. Pág 7.

[11] Muthesius, Hermann. *Op. cit*. Pág 189.

[12] — *Op. cit*. Pág. 25.

[13] — *Op. cit*. Pág. 49.

[14] Collins, Peter. *Los Ideales de la Arquitectura Moderna; su evolución (1750-1950)*. Ed. GG. Barcelona, 1970. Pág. 125. (Tit. or. *Changing ideals in Modern Architecture 1750-1950*. Faber & Faber. Londres, 1965).

[15] — *Ibid*. Pág. 144.

[16] — *Op. cit*. 14, Pág. 146.

[17] — *Op. cit.* 14, Pág. 265.

[18] — *Quiet confort for his family and guests.*

— *Thorough convenience for his domestics.*

— *Elegance and importance without ostentation.*

Kerr, Robert. *The Gentleman's House; or How to plan English Residences.* Londres: John Murray. Albemarle Street. 1865. Pág. 66.

[19] Las citas de Robert Kerr que se incluyen en las páginas 74 a 78 de este estudio corresponden a un extracto de las *"Consideraciones Generales"* sobre la vivienda inglesa que el propio Kerr incluye en *The Gentleman's house.* Págs. 66-90.

[20] Frampton, Kenneth. *Historia crítica de la Arquitectura Moderna.* Ed. GG. Barcelona, 1991. Pág. 96. (Tit. or. *Modern Architecture: A critical history.* T & H. Londres, 1981.)

[21] Muthesius, Hermann. *Op. cit.* Pág. 27.

[22] — *Op. cit.* Págs. 29-30.

Capítulo III

EL ORDEN APLICADO AL MODELO MEDIEVAL
La arquitectura residencial del siglo XVI

Introducción

*La actitud de los isabelinos hacia sus casas era parecida a la que tenían
con respecto al vestido. Los isabelinos prestaban mucha atención a su
forma de vestir y dedicaban a ello extravagantes cantidades de dinero; pero
ni escribían ni leían libros sobre las costumbres en el vestir, muy raramen-
te tocaban el tema en las cartas que escribían a sus amigos y no invitaban
a comer a su sastre.*[1]

M. Girouard. *Robert Smythson & the Elizabethan Country House.*

Durante el siglo XVI se produjeron en Inglaterra algunos acontecimientos que condicionaron el futuro del país. En el año 1533, Enrique
VIII decidió romper con la Iglesia de Roma. Poco tiempo después,
expulsó del país a las órdenes monásticas y confiscó todas sus propiedades.

La ruptura con Roma ha sido considerada tradicionalmente un punto de
inflexión en la evolución de la cultura inglesa. Es cierto que Inglaterra,
desde aquel momento, comenzó a alejarse de las culturas italiana y francesa para acercarse a la de los Países Bajos. También que, con la reforma de las instituciones religiosas y con la creación de la Iglesia Anglica-
na, Inglaterra retornó a los valores nacionales. Pero es dudoso que la
lógica de este tipo de procesos se pueda extrapolar al mundo de la cultura y el arte. Ni antes de 1533 la arquitectura inglesa se encontraba liga-
da a las experiencias del Renacimiento italiano, ni después de ese año
se pudieron rechazar estas experiencias, pues apenas se conocían.

Es significativo que el primer diseño clasicista de la arquitectura inglesa, la fachada principal de la casa de Lord Somerset en Londres, se
construyó entre los años 1547 y 1552, es decir, cuando la fiebre nacional
se encontraba en su punto más alto.

Es difícil establecer una correspondencia entre los acontecimientos históricos y la arquitectura de aquellos años. El desfase temporal con que
las ideas italianas llegaban a Inglaterra no dependía tanto de las relaciones políticas o religiosas entre ambos países como de la distancia

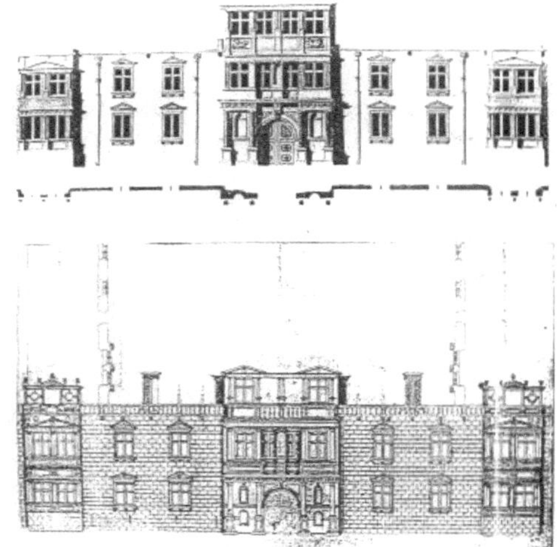

Somerset House. (1547-1552.
(Demolida el año 1777).
En la parte superior, un dibujo realizado el año 1577 y reproducido por
M. Girouard en *Archaeological
Journal*, N° 116, 1961. Debajo, dibujo
de John Thorpe realizado a principios del siglo XVII y reproducido
por J. Summerson en *Architecture
in Britain*.

física y cultural. La mayor parte de los factores que condicionaron la
arquitectura inglesa del siglo XVI se encontraban relacionados, de una
forma u otra, con la situación geográfica y cultural de Inglaterra. El más
importante de ellos, el fuerte arraigo de la tradición constructiva medieval, hizo que hasta el siglo XVII el clasicismo no fuera entendido como
un estilo que debía aplicarse a la totalidad del objeto arquitectónico.

Según Mark Girouard, *los isabelinos se aproximaron al tesoro clásico
más con la actitud de los piratas que con la actitud del discípulo respetuo-
so... sin ningún tipo de reverencia hacia lo extranjero y sin considerar que
el clasicismo era una disciplina que debía ser aprendida o que expresaba
principios de validez absoluta.*[2]

Las profundas diferencias que existían entre las culturas inglesa e italiana no favorecían la asimilación de las novedades. Mientras en Italia
la forma de la edificación quedaba determinada desde el proyecto, las
arraigadas tradiciones constructivas medievales que existían en Inglaterra eran un obstáculo para el control general de la forma edificada. El
orden de las plantas y los alzados de los proyectos italianos, de hecho,

se vio bruscamente alterado por la despreocupación con que los constructores ingleses acostumbraban a resolver los problemas formales. Los constantes ajustes y cambios que realizaban durante la ejecución de la obra hacían muy difícil prever el resultado final, de manera que cada edificio resultó, al menos en un principio, una experiencia singular.

El desfase temporal y las diferencias culturales eran dos aspectos de una misma realidad. Por un lado, las ideas procedentes de Italia debían pasar por Francia antes de llegar a Inglaterra. Cuando llegaban directamente, lo hacían tarde y descontextualizadas. Esto ocurrió con las publicaciones de Du Cerceau, de L'Orme, Serlio, Palladio y Vignola. Era algo inevitable y no dependía de circunstancias históricas concretas.

Las ideas procedentes del Continente, en cualquier caso, fueron seleccionadas e interpretadas en Inglaterra de acuerdo con una sensibilidad muy diferente de la que las produjo.

Los criterios de selección fueron, en apariencia, bastante arbitrarios. Podían depender, tanto del gusto y criterio del propietario, como de cualquier otra circunstancia: social, política o religiosa. Además se produjeron reacciones inesperadas. Si los miembros de la clase alta con inquietudes intelectuales estaban todos involucrados en la cruzada protestante, y si todos los hacendados que construyeron nuevas residencias pertenecían a la nueva élite puritana, sería lógico pensar que las ideas procedentes de Italia fueran rechazadas por papistas y sospechosas. Sin embargo, fueron esos mismos hacendados los que comenzaron a incorporar a sus residencias los esquemas italianos, en ocasiones en abierta colisión con las formas y usos de la tradición medieval.

Las familias católicas o las familias que no tenían ambiciones, las que se encontraban en decadencia, las que disgustaban al gobierno o las que se sentían a disgusto con él siguieron viviendo en sus antiguas mansiones solariegas, escribió Girouard.[3] Las familias en ascenso, próximas a la corte y sus ideales, rivalizaron por dotar a sus residencias de la máxima actualidad; de la actualidad que encontraban en los esquemas compositivos y los elementos decorativos que procedían de Francia e Italia.

Finalmente, los modos y modelos continentales terminaron superponiéndose a los propios, aunque alterando el sentido lógico de los términos:

si en Italia el ideal de orden fue impulsado por los grandes maestros del Renacimiento, este mismo ideal fue admitido en Inglaterra como resultado de unas experiencias ajenas pero que podían incorporar a las propias. De modo que los ideales renacentistas, en lugar de ser contemplados como una alternativa radical a los modos medievales, terminaron por mezclarse con ellos.

También se alteraron las vías lógicas de comunicación con el Continente. Una parte de los detalles decorativos italianos, por ejemplo, llegaron a Inglaterra desde los Países Bajos en el equipaje de los protestantes flamencos perseguidos por el Duque de Alba. En aquel momento, según Summerson, *la escuela de diseño de Amberes era, comparada con las italianas, provinciana y excesivamente amanerada... su concepción del diseño italiano no tenía como referencia el Alto Renacimiento de Bramante o Rafael... sino a los diseñadores manieristas de la primera mitad del siglo XVI, con sus ritmos complicados y sus extrañas combinaciones de formas antiguas.*[4]

Los tratados que procedían de los Países Bajos, además, llegaron a Inglaterra al mismo tiempo que los tratados franceses e italianos, produciendo cortocircuitos y una gran cantidad de información que podía ser utilizada para actualizar las antiguas construcciones. La información procedía de fuentes tan diversas, que sólo se podía utilizar si no se tenían excesivos prejuicios. Y éste era el caso de los hacendados ingleses.

Los hacendados no disponían de arquitectos italianos para diseñar y dirigir la construcción de sus residencias. Hasta las últimas décadas del siglo XVI, sólo pudieron confiar en los maestros locales para organizar y supervisar la ejecución de las obras. Los arquitectos italianos más importantes, que solían estar al servicio del Papa, no recibían la aprobación para viajar a Inglaterra, por lo cual los hacendados debieron asumir gran parte de la responsabilidad del diseño. Algunos poseían los tratados de arquitectura más influyentes de la época, pero no hay constancia de que los maestros constructores tuvieran acceso a ellos.

Conforme avanzaba el siglo, fue aumentando la responsabilidad de los maestros constructores en el diseño, aunque todavía no existían en Inglaterra arquitectos que se encargaran del proyecto.

Según Mark Girouard, *en la Edad Media se distinguía entre artes liberales y artes mecánicas. Las artes liberales, que tenían un carácter individual, eran la gramática, la dialéctica, la retórica, la geometría, la aritmética, la astrología y la música o armonía. Las artes mecánicas eran la agricultura, la costura, la cocina, e incluían la pintura, el tallado de la piedra y la construcción, como tareas manuales.*[5]

La construcción se organizaba en oficios (*guilds*) en los que tenían cabida desde los aprendices de menor rango hasta los maestros. Los maestros (*master-artificers*) poco a poco fueron abandonando el trabajo de la piedra para dedicarse a organizar, supervisar, contratar y realizar planos de detalles; pero no eran arquitectos en el sentido actual de la palabra. Girouard apunta que el término arquitecto era algo tan ajeno y desconocido en la Inglaterra del siglo XVI que carecía de significado, añadiendo que en el diccionario de James Baret publicado en el año 1580, la palabra arquitecto (*Architectus o Architector*) no figuraba.[6] Sólo John Shute en su obra *The First and Chief Grounds of Architecture*, publicada en 1563 y considerada el primer tratado de arquitectura inglés, se calificaba a sí mismo como *"architect"*. Aunque no se conoce ningún edificio que se le pueda atribuir.

Podía ocurrir que la planta, los alzados y los detalles fueran realizados por personas diferentes, que el propietario modificase su criterio de diseño durante la construcción y que sustituyese a un maestro por otro durante las obras. Estas circunstancias eran bastante frecuentes, por lo cual se debe estar de acuerdo con Summerson y Girouard en que la pregunta, ¿quién construyó este edificio?, carece de sentido. Las residencias del siglo XVI surgieron de la interacción entre el propietario y los *masters artificers* que participaban en la ejecución. Pero si estuviésemos obligados a responder a la pregunta anterior, bastaría dar el nombre del propietario.

Buena parte de las energías de los especialistas se ha dedicado a determinar la atribución del proyecto y de los detalles, si fueron realizados por tal o cual maestro, si se copiaron de una ilustración o de otra, pero los edificios también pueden hablar por si mismos.

Es probable que la *extraña modernidad* de las mansiones isabelinas estuviera determinada, tanto por la voluntad de integrar en ellas ideales compositivos aparentemente opuestos, como por la falta de prejuicios con que fueron abordados los problemas compositivos y los relacionados con la representación.

La complejidad de aquellos procesos fue explicada poéticamente por M. Girouard en los términos siguientes: *unas pocas gotas de influencia renacentista fueron suficientes para hacer fermentar las estancadas aguas del gótico Tudor, y cuando los nubarrones se retiraron, apareció transmutado en un nuevo estilo. Las anomalías y el provincianismo de los detalles isabelinos tienen poca importancia si se comparan con la novedad, el atrevimiento y la unidad de la arquitectura que emergió en los últimos 20 años del reinado de Isabel... una arquitectura que no habría sido posible si Inglaterra se hubiese expuesto de lleno a las influencias del Renacimiento y que es uno de los acontecimientos más curiosos y relevantes del arte europeo.*[1]

No obstante, hasta el momento en que se construyeron las grandes residencias isabelinas, el tipo medieval del siglo XIV sufrió varias transformaciones.

Las primeras residencias con patio interior

Hasta el momento en que las propiedades de las órdenes monásticas pasaron a manos privadas, los monasterios repartidos por toda Inglaterra pudieron ejercer cierta influencia sobre las construcciones residenciales. El claustro del monasterio medieval, como espacio vacío interior en torno al cual se articulaban las distintas piezas del conjunto, fue tomado como referencia tanto por los primeros *colleges* como por los grandes palacios de la época Tudor. Sin embargo, las primeras experiencias inglesas que conciliaron el tipo medieval con un conjunto organizado en torno a un patio interior, fueron fortificaciones.

El problema, en todos los casos, era hacer compatible un patio interior regular con una serie de piezas de usos completamente diferentes. En el caso de las residencias fortificadas, el bloque residencial se debía integrar con una amplia zona de almacén, con los apartamentos y con la capilla. En el caso de los *colleges*, con la capilla, el apartamento del director, la biblioteca, la portería y las habitaciones de los estudiantes.

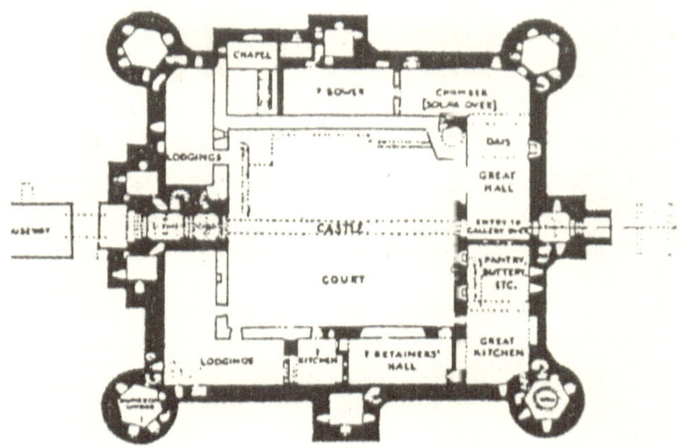

Bodian Castle. C. 1386. Ilustración de Nathaniel Lloyd en *History of the English House.*

Por último, en el caso de los palacios y las grandes mansiones señoriales, con el gran número de apartamentos y piezas de servicio necesarios para albergar a la corte. El bloque residencial, en cualquier caso, podía responder al tipo representado por Haddon Hall y Penshurt Place.

Los primeros intentos para incorporar el tipo del siglo XIV a una estructura ordenada, simétrica y organizada en torno a un patio interior, se realizaron en algunas residencias fortificadas construidas en las últimas décadas del siglo como defensa contra los franceses.

Para que el señor se sintiera como en casa en una residencia fortificada, nada más simple que incluir un conjunto residencial con las características del tipo del siglo XIV, entre el conjunto de piezas que definían el patio interior.

En Bodian Castle, por ejemplo, construido a partir del año 1386, se aprecia que las piezas residenciales se ajustan al tipo residencial aislado y ocupan el lado opuesto a la entrada principal.

La forma externa de Bodian Castle es aproximadamente regular. La puerta principal y torre del homenaje se encuentra en el eje del edificio. Alineada con el acceso y el *screen passage* de la zona residencial, situada al fondo, define un gran eje ceremonial que atraviesa el patio. La novedad de la estructuración de Bodian Castle radica en que la entrada al bloque residencial y el *screen passage*, fueron obligados a situarse en el eje del conjunto. Así el eje ceremonial que se iniciaba en la entrada de la fortificación podía continuarse más allá de los límites del edificio.

La principal consecuencia de situar el porche de acceso en el eje fue la ampliación de la zona de servicio, algo por otra parte conveniente, puesto que permitía resistir mejor un posible asedio.

La irregularidad de la mansión medieval, de este modo, fue sometida por primera vez a un esquema geométrico y regular. Pero esta solución no influyó inmediatamente en los *colleges* y las grandes residencias con patio interior. Tuvieron que transcurrir más de 100 años para que el orden y la regularidad de las residencias fortificadas se impusieran de nuevo a las residencias inglesas.

La estructuración de los *colleges*

Según David Watkin, *los colleges que fueron construidos a finales del siglo XIV por Willian Wynford, un maestro cantero real, ya combinaban en un sencillo patio cuadrado todos los elementos tradicionales de un college actual.*[8] Unas décadas después, la planta del Queen's College de Cambridge se convirtió en el modelo para los *colleges* de toda la ciudad. De ella se puede deducir un tipo arquitectónico que ha sido capaz de mantenerse hasta el siglo XX sin apenas modificaciones.

Los *colleges* también presentan una zona ordenada de acuerdo con el tipo medieval. A diferencia de la posición que tenía en Bodian Castle, sin embargo, el tipo se impuso su lógica al conjunto ordenado en torno al patio. La entrada principal y el eje ceremonial del conjunto se desplazaron del centro de la fachada, forzados por la posición asimétrica del acceso a la zona residencial y del *screen passage*. De este modo se reforzaba la antigua dirección de acercamiento a la vivienda y se

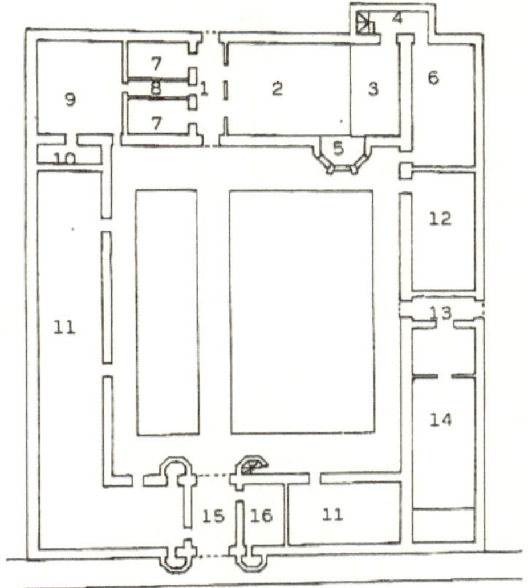

Queen's College. Cambridge. 1448-1449. Planta esquemática (del autor) y vista desde la *Gate house* dibujada por R.B. Harraden en el año 1831.

Las piezas de la casa señorial son las siguientes: 1-*Screen passage*. 2-*Hall*. 3-*Dais*. 4-Escalera a la planta superior. 5-*Oriel windows*. 6-Sala de estar (antiguo *parlour*). 7-Almacenes. 8-Pasaje a las cocinas. 9-Cocinas. 10-Oficio. El resto de las piezas son: 11-Habitaciones (y biblioteca en la planta superior). 12-Apartamento del director. 13-Acceso a la capilla. 14-Capilla. 15-Acceso principal. 16-Apartamento del vigilante.

consolidaban las dos direcciones ortogonales que, cruzándose en el
screen passage, ordenaban las mansiones señoriales aisladas.

También se mantenían la posición, la forma y los tamaños relativos de
las piezas del tipo medieval. El *hall* seguía siendo la pieza central del
conjunto. Mantenía la doble altura, la cubierta a dos aguas, el dais, la
escalera hacia la fachada posterior y la *bay window* hacia la fachada
principal que, en este caso, daba hacia el patio. En el *hall*, como en los
refectorios de los monasterios, se realizaba un ritual diario que consistía en la reunión de todos los miembros de la comunidad, del director,
los profesores y los alumnos, para comer. El director, como celebrante,
ocupaba la misma posición sobre el *dais* que ocupaba el señor en su
residencia. A su lado se sentaban los profesores y más abajo, en dos
largas mesas paralelas a la dirección de la cubierta, los alumnos.

El *screen passage* prolongaba el acceso del *college* en el bloque residencial. Al igual que en las mansiones señoriales, esta pieza separaba el
hall de la zona de servicio. El pasaje central hacia la cocina también se
mantenía en la misma posición que tenía en la mansión medieval. En el
lado opuesto a la cocina, inmediatamente detrás del *dais*, se dispuso
una habitación transversal que, como el antiguo *parlour*, servía para que
los profesores pudieran retirarse a charlar después de comer.

La cocina y la estancia de los profesores, organizadas en dos bloques
transversales al *hall*, avanzaban ligeramente hacia la fachada del
acceso, configurando una forma de "U" que definía, a su vez, la anchura del patio interior. El patio se completaba añadiendo a las alas laterales el resto de las piezas: al lado del *parlour*, el apartamento del
director y, a continuación, la capilla; del lado de las cocinas, las habitaciones de los estudiantes. (La biblioteca se podía situar en la planta
superior, en cualquiera de los dos lados). El conjunto se cerraba hacia
la calle con el resto de las habitaciones y se remataba con la portada
monumental, que incluía el apartamento de la persona encargada de
controlar el acceso.

La estructuración de los *colleges* tenía el mismo carácter aditivo de las
antiguas mansiones señoriales, pero la disposición de las piezas debía
obedecer a ciertos criterios de regularidad. Las fachadas se alineaban
para construir el patio interior regular y la anchura de las crujías se

mantenía constante. Sólo la crujía del fondo era algo mayor, pues tenía la anchura del *hall*. El resto de los conjuntos que componían el *college* eran completamente autónomos y no existía la posibilidad de pasar de uno a otro sin salir al patio interior descubierto.

Esta aparente incomodidad puede explicarse considerando que el *college* respondía a una idea de mundo cerrado, completo y autónomo, en el cual tenían lugar los rituales que daban sentido a la vida de los estudiantes y los profesores. La obligación de salir al patio para ir de un lugar del *college* a otro formaba parte de una especie de rito necesario para diferenciar las actividades.

El patio, como centro del edificio y lugar colectivo, se encargaba de hacer pertenecer al mundo del *college* todas las actividades. El uso necesario del patio por parte de los habitantes del college convertía el espacio en un centro de actividad. No importaba que dicho espacio estuviera configurado por una suma de piezas diferentes ni que sus fachadas presentaran cierto desorden, pues el patio cumplía su función representativa.

Los recursos compositivos empleados para conseguir cierta unidad eran muy simples. Todas las piezas del conjunto debían respetar una altura de cornisa (exceptuando, lógicamente, la portada de acceso), las ventanas debían situarse a la misma altura (aunque los grandes huecos que iluminaban el *hall* y la capilla interrumpían la continuidad) y todas las piezas se debían rematar con el mismo material de acabado, generalmente ladrillo.

Las dos piezas más representativas del conjunto, el *hall* y la capilla, tenían ciertas analogías. Ambas eran direccionales, estaban definidas por un espacio único con cubierta de madera a dos aguas, se iluminaban por grandes ventanales laterales y tenían un acceso lateral por un pasillo perpendicular al eje de acceso que atravesaba la crujía y conectaba el patio con el exterior, pero una pertenecía al ámbito civil y otra al religioso.

Puesto que la capilla y el *hall* estaban situados en lados contiguos del patio, las direcciones de acceso eran perpendiculares entre sí y se cruzaban en un punto del patio cercano al centro. (No podía ser el centro puesto que el *hall* forzaba la asimetría del eje principal).

Mientras el *hall* y la capilla se expresaban significativamente hacia el interior, la portada de acceso debía hacerlo también hacia el exterior. Era un eco de torre del homenaje de las residencias fortificadas, un volumen vertical simétrico y flanqueado por torres, que también se podía interpretar como un modelo a escala reducida de una fortificación. Los *colleges* no tuvieron más que incorporar esta pieza a la fachada principal, en el punto señalado por el eje del *screen passage*. Las torres almenadas que construían la pieza de acceso no tenían utilidad práctica, pero indicaban que el *college* era una especie de residencia fortificada. La pieza de acceso, con el tiempo, fue ganando en altura y esbeltez, convirtiéndose en un contrapunto vertical del resto de la fachada.

Aunque los *colleges* no fueron los primeros edificios que integraron el tipo medieval en un conjunto organizado alrededor de un patio interior, influyeron posteriormente en la organización de algunas mansiones señoriales.

La organización de las mansiones Tudor

Algunas de las mansiones construidas a finales del siglo XV adoptaron la organización de los *colleges*. Las necesidades eran diferentes. Las habitaciones de los estudiantes y el apartamento del director, por ejemplo, no eran necesarios; la capilla y la biblioteca, si existían, tenían una importancia mucho menor. Pero nada impedía realizar los ajustes necesarios para adecuar las residencias al modelo de los *colleges*.

Oxburg Hall, por ejemplo, construida en el año 1482, mantenía el patio regular con una crujía de anchura constante. También tenía una portada flanqueada por torres, incorporaba el tipo medieval al fondo del patio y disponía de un eje ceremonial entre ambas, en este caso centrado, como en las antiguas residencias fortificadas.

La reconstrucción de la planta de Oxburgh Hall, realizada en el año 1774 e ilustrada por Robert Kerr en *The Gentleman's house*, presenta diferencias respecto a la casa original. La puerta de acceso, por ejemplo, no aparece alineada con el screen passage. Pero este desplazamiento

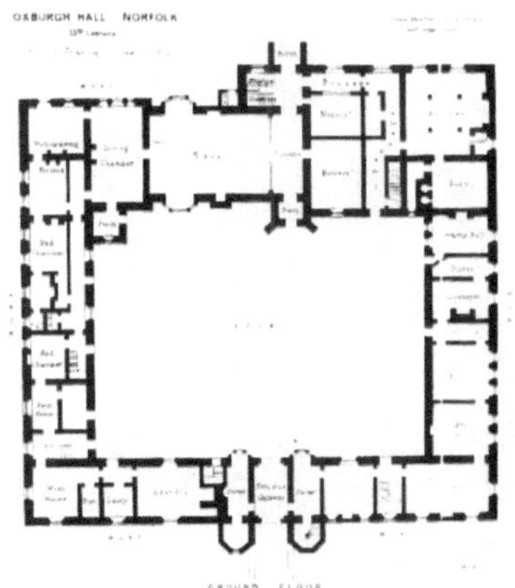

Oxburgh Hall. 1482. Ilustración de Robert Kerr (*The Gentleman's House*) basada en un levantamiento de 1774.

quizás sea sólo un error de dibujo. No lo sabemos, pues el *hall* y sus dependencias han desaparecido. (Las extrañas formas y circulaciones que se observan en la zona de servicio hacen pensar que el levantamiento de Oxburgh incorpora modificaciones posteriores).

Oxburgh Hall presenta una diferencia respecto a los *colleges*: sus piezas están comunicadas por el interior y no es necesario salir al patio para dirigirse desde una hacia otra. No obstante, carece de galerías (interiores o exteriores) para conectar las distintas estancias del conjunto sin necesidad de atravesarlas o salir al exterior. Cuando Robert Kerr escribió, *las puertas al patio y las puertas interiores de intercomunicación entre piezas constituyen, en Oxburgh, un sustituto muy torpe del corredor*, olvidó que los corredores en torno al patio interior no se habían utilizado todavía en Inglaterra.[9]

A principios del siglo XVI se construyeron en Inglaterra residencias semejantes a Oxburgh, pero con un tamaño mucho mayor. Algunas incorporaron por vez primera ornamentos italianos. En el año 1514, el

Hall del cardenal Volsey en
Hampton Court.

cardenal Volsey comenzó las obras de la mayor residencia construida
hasta entonces en Inglaterra: el Palacio de Hampton Court.

El antiguo Hampton Court se estructuraba en torno a un patio interior,
repetía el eje ceremonial (que conducía hacia un patio posterior) y
tenía una gran portada simétrica ornamentada con efigies de empera-
dores romanos. Según John Bentjeman, esta fachada ...*alcanza un
magistral compromiso entre la simetría renacentista y los detalles góticos.*[10] Pero es muy dudoso que la simetría, por muy enfatizada que
estuviese por dos pares de torres, guardase alguna relación con los
esquemas del Renacimiento italiano.

Otros historiadores han querido ver en la doble portada de Hampton Court un eco de la portada de Castel Nuovo en Nápoles. Pero no existen datos que confirmen la relación.

En el año 1529, Volsey cedió el palacio a Enrique VIII, quien inició inmediatamente su ampliación añadiendo dos alas laterales a la antigua fachada, un nuevo *hall* y nuevas piezas, que se dispusieron irregularmente en torno a varios patios menores.

La irregularidad de las ampliaciones de Hampton Court realizadas entre los años 1531 y 1536, así como la irregularidad de Richmond Palace, construido por Enrique VIII 30 años antes, indican el poco valor que concedió el Rey a la integración de las formas del *gótico perpendicular* con la geometría de las antiguas residencias fortificadas.

Las torres octogonales rematadas por pequeñas cúpulas, los bloques de chimeneas, los grandes ventanales de reja y los *bays* verticales, eran elementos que no se subordinaban a un esquema previo y, Enrique VIII, al parecer, no estaba dispuesto a realizar el esfuerzo que esta operación requería. Richmond y Hampton Court, además, se comenzaron a construir antes de que la influencia italiana llegara a la isla.

Unos años después, el Rey ensayó en Nonsuch un esquema mucho más regular, aunque manteniendo las piezas de la mansión medieval. El palacio de Nonsuch, comenzado en el año 1538 y demolido en 1687, se ordenaba alrededor de dos patios interiores según un eje que iba desde la torre del homenaje hasta el segundo patio.

Según Summerson, *esta inusual composición podía haber sido un intento de emular el castillo de Chambord, que en aquellos años estaba prácticamente terminado y que era considerado una de las maravillas de la arquitectura europea.*[11]

La integración de las formas del *gótico perpendicular* en un conjunto ordenado y simétrico se aprecia mejor en algunas residencias construidas por comerciantes, por ejemplo, en Hengrave Hall, una mansión con patio interior construida por un rico comerciante entre los años 1525 y 1538. Según Nathaniel Lloyd, *esta casa es un ejemplo de la transformación del castillo fortificado en una gran residencia... es medieval en planta, perpendicular en los detalles y doméstica en su carácter e intención.*[12]

En esta residencia reaparecieron las torres de la portada y los antepechos almenados de los antiguos castillos. La influencia de las antiguas residencias fortificadas es evidente. Pero lo más innovador de la residencia fue la ordenación de la fachada principal con los grandes ventanales de reja característicos del *gótico perpendicular*. No debió importar demasiado a su propietario que la regularidad y la simetría de la fachada no se correspondiesen con la irregularidad de la distribución interior.

Summerson y Lloyd han señalado que, de acuerdo con los inventarios que se conservan de Hengrave, esta mansión debe considerarse más un conjunto ensamblado, que planificado de una vez. Existen contratos del propietario, John Kytson, para realizar las fachadas por separado y así rematar la construcción. Pero el hecho de admitir la regularidad en la fachada indica un notable esfuerzo para modernizar el aspecto de la residencia: la fachada principal de Hengrave Hall, a la vez que hacía referencia a los palacios fortificados anteriores, adelantó algunos rasgos de las casas isabelinas de finales del siglo XVI.

Hengrave fue un experimento formal para adaptar el tipo medieval a las nuevas circunstancias. Sus principales características son las siguientes:

-El orden y la longitud de la parte frontal no corresponde con la anchura de la parte posterior. La crujía principal, como se observa en la planta, supera en longitud al resto de la residencia. Con este recurso escenográfico se consiguió una imagen monumental, se evitaron las vistas de la zona de servicio y se configuró un segundo patio, abierto hacia la zona de servicio.

-El interior se ordena mediante dos crujías paralelas, perpendiculares a la fachada y conectadas con el vestíbulo de acceso, que definen el patio interior, pero no se ajustan al orden de la fachada principal, quizás construida posteriormente.

-Las crujías mencionadas se prolongan hacia la fachada trasera, indicando que la construcción de la residencia se realizó en varias fases. Si los planos del año 1775 se corresponden con la construcción original, estas alineaciones también podrían indicar que se intentó conseguir también cierta regularidad en los espacios interiores.

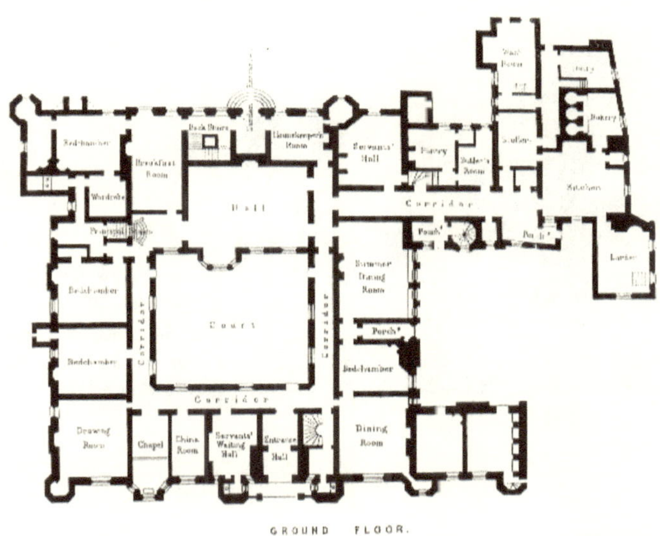

Hengrave Hall. 1525-1538. Planta realizada en el año 1775 y reproducida por Robert Kerr en *The Gentleman's House*.

Sutton Place. Surrey. (1525-1530). (El cuarto lado del patio, con la portada y las torres, fue destruido en 1782).

-El corredor hacia el patio consigue conectar, por primera vez, las piezas situadas a su alrededor sin necesidad de pasar desde unas a otras. Pero este corredor fue una experiencia aislada que no tuvo gran repercusión en la arquitectura inglesa posterior.

-El *hall* se dispone al fondo del patio, como era habitual en las residencias con patio. Pero el *screen passage*, en lugar de dar directamente al exterior, se alinea con uno de los corredores. Este recurso debió aumentar la comodidad, pues ya no era necesario atravesar el patio para acceder desde el *hall* hacia el resto de las habitaciones.

-La zona de servicio se organiza siguiendo el eje del *hall* y el tradicional pasaje hacia las cocinas, que se mantiene en la posición original, pero esta zona se ve afectada de un crecimiento desordenado que le impide incorporarse al orden general de conjunto. Este tipo de crecimiento libre y aditivo, así como su incorporación a un conjunto que aspira a la regularidad, caracterizó la arquitectura residencial del siglo XIX. La zona de servicio de Hengrave Hall, responde muy bien al modelo idealizado que, en el siglo XIX, se impuso a muchas residencias.

Con los recursos mencionados, John Kytson consiguió una residencia más confortable y ordenada, sin privarse de las formas y usos tradicionales. La habilidad con que solucionó algunos problemas anuncia la habilidad de los *masters artificers* isabelinos.

Una residencia comparable a Hengrave Hall es Sutton Place, construida el año 1525 por Sir Richard Weston. También la fachada de Sutton,
situada al fondo de un patio que hoy se encuentra abierto, es completamente simétrica.

En Sutton no se utilizaron corredores para conectar las distintas piezas, pero el acceso al *hall* se situó en el centro de la fachada, anticipando las experiencias que renovaron el tipo medieval.

Según Pevsner, Sutton fue la residencia más importante construida en
los años siguientes a Hampton Court. Según Peter Murray, esta residencia antepuso por primera vez la simetría a la conveniencia. Antes había
señalado que el choque entre la irregularidad medieval y la simetría
determinó buena parte de la arquitectura Tudor e isabelina.[13]

La evolución de las residencias sin patio

Las residencias sin patio también conciliaron la irregularidad del tipo
medieval con la regularidad y la simetría que exigían los modelos italianos. Una de las primeras que lo consiguió fue Barrington Court, construida, como Hengrave y Sutton, alrededor del año 1530.

El ajuste más importante realizado en Barrington Court consistió en
separar la zona de servicio del porche de acceso y situarlo en el eje de
un conjunto regular en forma de "U". Para conseguirlo, fue necesario
desplazar el *hall* a un lado del centro de la "U". Así se logró mantener el
acceso al *hall* en su posición tradicional.

El tipo medieval no sufrió grandes modificaciones y la mayoría de las
piezas permanecieron en la posición original. Las zonas de servicio y de
estancia se igualaron en forma y tamaño, proyectándose hacia delante y
definiendo una zona de acceso más abrigada. La cocina se dispuso en el
extremo del ala de servicios, el antiguo pasaje a las cocinas se trasladó
a la fachada principal y las piezas de almacén, *buttery* y *pantry*, se colo-
caron detrás, dando hacia la fachada posterior.

Del otro lado, las salas de la familia, el antiguo *parlour* y el *solar* de la
planta superior, ocuparon el espacio disponible.

La simetría de la fachada se enfatizó con dos *oriels* añadidos en los ángulos interiores de la fachada; uno para la escalera y otro para dar acceso al *parlour*. Sólo existe un detalle en la fachada que rompe la simetría y expresa al exterior lo que ocurre en el interior: la altura de las ventanas que iluminan el *hall* es superior a la altura de las ventanas del lado opuesto.

La conciliación de una distribución interior asimétrica con un exterior regular implicó, como es natural, concesiones. Pero los ingleses entendieron que era posible conciliar las formas propias con las importadas del continente.

Sorprende que Barrington fuera realizada por *masters artificers* y no por arquitectos; también que, construida 20 años antes que Somerset House, no incorporase ningún detalle decorativo que pueda calificarse como renacentista.

El orden exterior, sin duda, dependía de las imágenes importadas del continente, pero la solución fue completamente original.

Otra manera de resolver el mismo problema fue ensayada en Eastbury Manor, una residencia fechada por Lloyd en el año 1550 y por Summerson en el año 1572, configurada en forma de "H" asimétrica.

Las semejanzas entre Barrington y Eastbury son evidentes. Ambas separaban la zona de servicio y de la familia en dos alas diferentes, opuestas y del mismo tamaño. Las dos enfatizan la simetría, además, añadiendo dos elementos en las esquinas interiores, en el caso de Eastbury, dos escaleras de caracol en la parte posterior.

Las diferencias afectan principalmente a la distribución interior. El *hall* de Eastbury, a diferencia del *hall* de Barrington, ocupa la totalidad del cuerpo central. El porche de acceso permanece adosado a la zona de servicio y logra mantener, de este modo, la disposición original de las piezas. No importó, en este caso, que la simetría de la fachada principal se resintiera.

La fachada posterior de Eastbury, por el contrario, ganó protagonismo. La simetría conseguida con las alas iguales y las escaleras de caracol se acentuó con el bloque de chimeneas que, al igual que en Hengrave, se dispuso en el centro del lado mayor del *hall*. El bloque de chimeneas

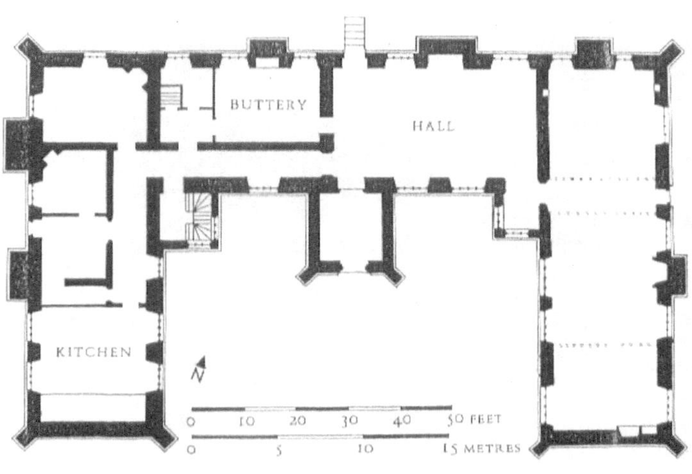

Barrington Court. Planta baja y vista exterior. C. 1530.

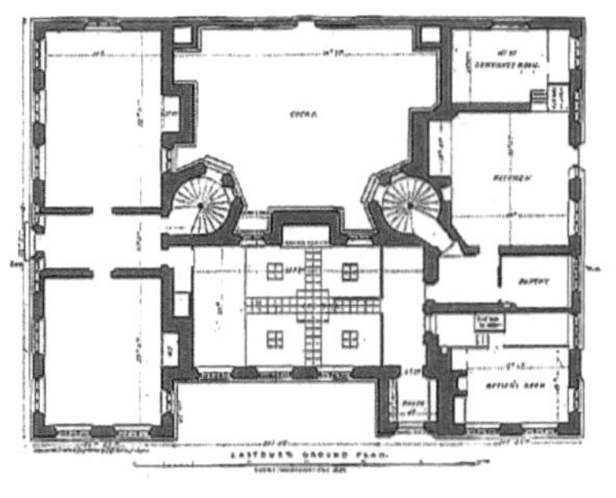 

Eastbury Manor. (1550-1570).

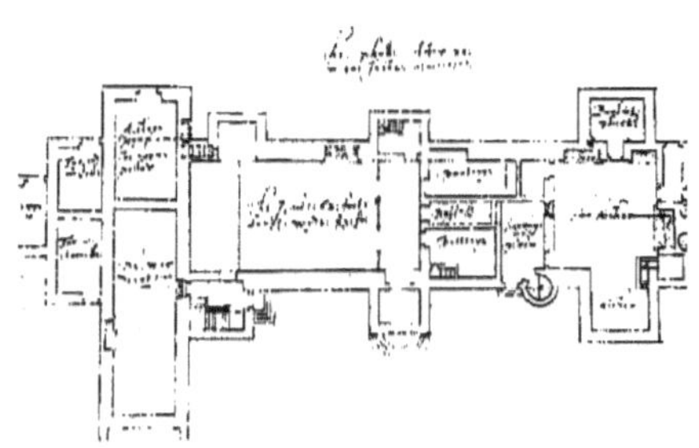 

Worksop Manor. (1586. Demolida el año 1761).
Planta atribuida a Robert Smythson por M. Girouard y
grabado realizado a mediados del siglo XVIII.

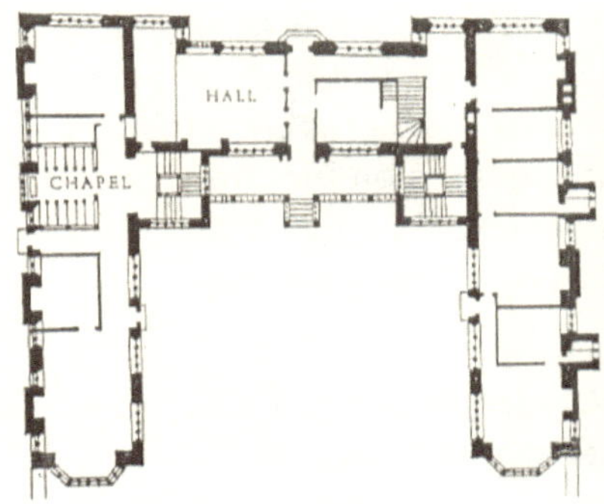
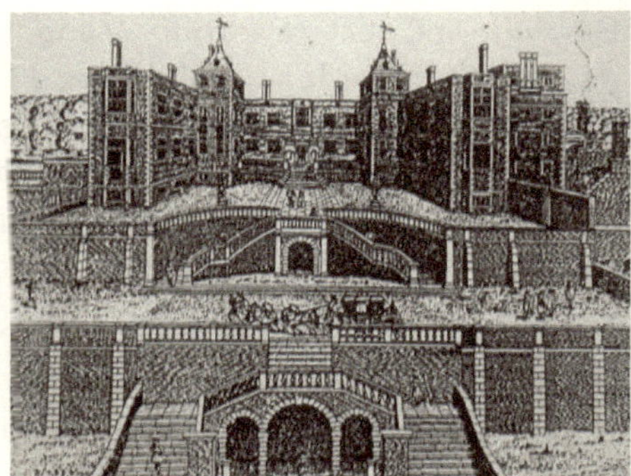

Wimbledon House. (1588. Demolida el año 1720).
Planta reconstruida por Summerson a partir de un
dibujo de John Thorpe y grabado de H. Winstanley.

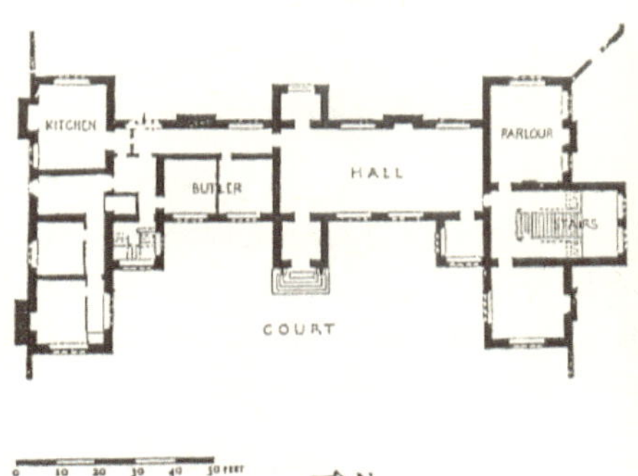
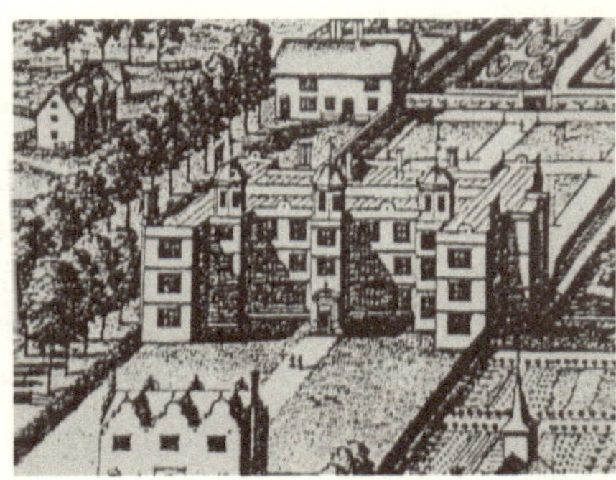

Doddington Hall. (1593-1600). Planta baja y perspectiva.
De *Britania Ilustrata*.

y las escaleras de caracol refuerzan el eje de simetría que no se pudo conseguir en la fachada principal.

Barrington Court y Eastbury Manor son una muestra de la habilidad desarrollada por los propietarios y los maestros de obras del siglo XVI para incorporar las irregularidades de las antiguas residencias, asociadas a los usos y significados todavía vigentes en Inglaterra, a una composición aproximadamente regular y simétrica. Este tipo de experiencias se repitieron a lo largo de todo el siglo para dar lugar a un nuevo tipo arquitectónico.

Doddington Hall, Winbledon House y Worksop Manor, construidas en los 15 últimos años del siglo XVI, responden a este nuevo tipo. Todas muestran en su distribución interior la deuda contraída con Barrington y Eastbury: las tres se estructuran en forma de "H", las tres se ordenan de acuerdo con un eje central que se materializa en el porche y se continua en el *screen passage* y las tres sitúan el *hall* a un lado del eje, trasladando a la fachada el pasaje a las cocinas y añadiendo escaleras simétricas en los ángulos interiores de la fachada principal.

También se aprecian en ellas aspectos que las alejan del modelo medieval. Todas suprimen la doble altura del *hall* y los grandes ventanales que habrían manifestado su presencia al exterior, rompiendo la simetría.

El *hall*, aunque seguía siendo la pieza más importante de la vivienda, estaba perdiendo el papel que había tenido en épocas anteriores como centro de la vida doméstica.

La parte alta del *hall* se podía utilizar para obtener un mayor rendimiento del volumen edificado. Pero la desaparición del espectáculo que suponían las cerchas de madera y la antigua galería de los músicos hizo que la función representativa del *hall* quedase notablemente disminuida.

Aunque las tres residencias se construyeron algunas décadas después de la experiencia *"Somerset"*, en ninguna de ellas se recurrió a los órdenes clásicos. Para articular y ordenar la fachada fueron suficientes las impostas horizontales y los grandes ventanales con bastidores de reja, heredados de la tradición constructiva y figurativa del *gótico perpendicular*.

Por sus singulares características, Worksop Manor merece una atención especial.

La planta, aunque responde al esquema general en forma de "H", presenta numerosas diferencias respecto a otras residencias de la época: las alas transversales son diferentes en forma y tamaño, el eje del acceso se encuentra ligeramente descentrado para permitir una mayor dimensión del *hall*, la caja de escaleras de un lado no se corresponde con la pequeña escalera cilíndrica del otro, aparecen nuevas piezas en los extremos del eje definido por el *hall*, etc. Todas estas singularidades ponen de manifiesto que el esquema de planta medieval continuaba teniendo suficiente fuerza como para imponerse a la regularidad y la simetría que garantizaban en el continente la monumentalidad del conjunto.

Worksop, a diferencia de Barrington, Doddington o Wimbledon, mantenía la forma y posición que tenían en el tipo del siglo XIV las piezas de servicio: el pasaje central a las cocinas, el *buttery* y el *pantry*, etc. Pero la monumentalidad se intentó conseguir por otros medios. El más llamativo fue la organización de la residencia en altura.

Worksop resulta singular por varias razones. Unas son de carácter arquitectónico, como la altura, la irregularidad controlada, la sistemática repetición de los grandes ventanales, las torres acristaladas de sus extremos, como *linternas* o *faros*. Otras son relativas a su historia. Worksop se terminó de construir en 1586 y fue concebida como pabellón de caza, por lo cual las linternas de los extremos se usaron como miradores desde los cuales contemplar el paisaje y localizar las piezas de caza.

El constructor de Worksop fue George Talbot y la planta fue dibujada por Robert Smythson. Pero es difícil precisar el autor del proyecto.

Cuesta aceptar que Worksop fuese diseñada por Robert Smythson, como sugieren Summerson y Girouard, puesto que, de ser así, Smythson habría tenido que dedicarse simultáneamente a otra obra de características completamente diferentes: Wollaton Hall.

Robert Smythson vivió en Wollaton Hall mientras Worksop se construía, y es prácticamente imposible que pudiera dedicarse desde allí a construir la residencia. El diseño de Worksop, en cualquier caso, representa el punto final de un hipotético proceso evolutivo que transformó la mansión medieval sin patio, en singulares residencias acristaladas y desarrolladas en altura.

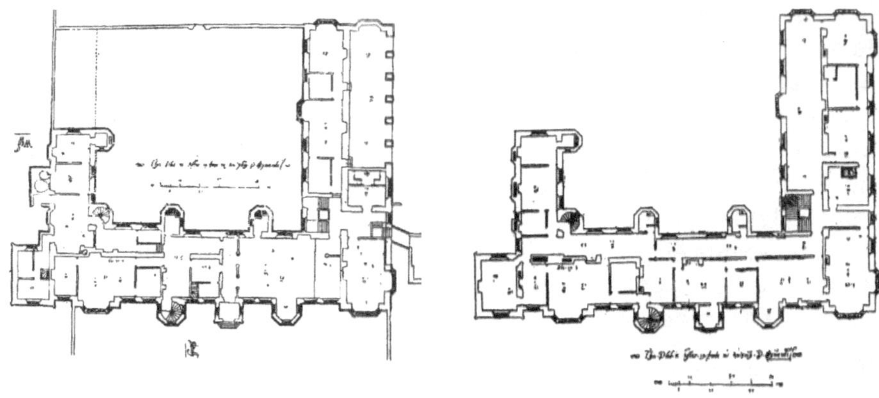

Beauford House. Plantas baja y primera de la casa de
Sir Thomas More dibujadas por J. Simonds para Sir
Robert Cecil. (Primeras décadas del siglo XVI)

Los grandes ventanales que ocupaban las fachadas, los volúmenes
acristalados que remataban las torres, la ausencia de decoración y las
cubiertas planas, también se pueden observar en otras mansiones isabelinas más regulares, pero la disposición de los volúmenes buscando
un equilibrio de masas asimétrico era una herencia directa de la irregular distribución medieval.

Worksop se encontraba al margen de la línea evolutiva definida por
Barrington, Eastbury, Doddington y Wimbledon, en la cual el orden de la
fachada se impuso a la irregular distribución interior. Pero al igual que
otras residencias de aquella época estaba afectada por una fuerte tensión entre el orden y la irregularidad. Los distintos planos de Beaufort
House que se conservan en Hatfield y el Museo Soane muestran la evolución de la residencia hacia un esquema regular y simétrico.

Beauford House, demolida en el año 1740, estaba situada en Chelsea,
un barrio de Londres. Fue la casa del canciller de Enrique VIII Sir Thomas More, quien vivió en ella durante 14 años y donde solía reunir a sus

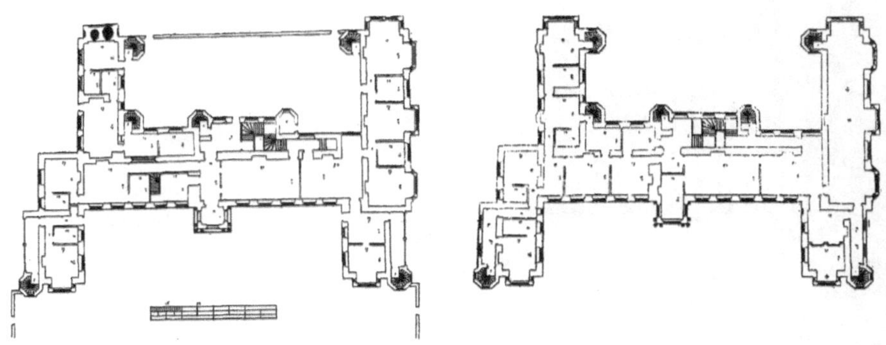

Beauford House. Plantas baja y primera de la remodelación de la casa de Thomas More, realizadas por Spicer
para Sir Robert Cecil. (Mediados del siglo XVI)

amigos, entre los que se encontraban Erasmo y Holbein. Walter H.
Godfrey, en el año 1913, atribuyó a More el diseño de la residencia.[14]

Los primeros planos que se conservan de Beauford, correspondientes a
la casa de Thomas More, están firmados por J. Symonds, el dibujante, y
fueron realizados para Sir Robert Cecil.

La fachada principal era simétrica y seguía el modelo de las residencias
con patio. El resto de la planta era irregular y presentaba algunas anomalías respecto al tipo del siglo XIV: la pieza del extremo oeste de la fachada quedaba marginada de la composición, el *screen* acometía contra una
ventana, las escaleras de disponían en lugares extraños, etc. (El ala este
y la galería porticada fue un añadido posterior). Llama la atención la falta
de correspondencia entre los ejes de simetría de las fachadas principal y
posterior, pero este hecho sólo indica que los edificios todavía se realizaban por partes, sin atender a la regularidad del conjunto.

Los planos de una reforma posterior presentan la casa algo más ordenada. La fachada principal tiene un porche de acceso en el eje y dos

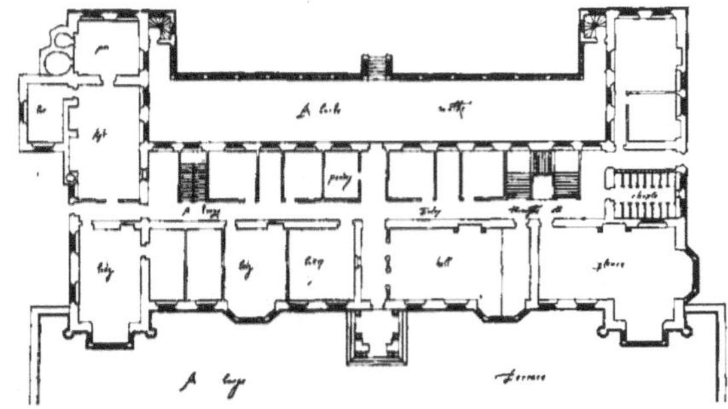

Beauford House. Dibujo para
una nueva remodelación realizado por John Thorpe en los
primeros años del siglo XVII.

alas laterales que refuerzan la simetría. En la fachada posterior aparece
un nuevo acceso que, situado entre las torres existentes, insiste en el
desplazamiento de la fachada trasera. Cada fachada, de hecho, evolu-
cionó por su cuenta, sin atender a la unidad del conjunto.

Para regularizar la fachada posterior, el constructor eliminó una parte
de la crujía este, de manera que el nuevo acceso quedó centrado entre
dos alas aproximadamente simétricas. Puesto que el *screen passage* no
atravesaba la residencia, como en el tipo medieval, la conexión entre los
dos accesos desplazados requería una pieza añadida al fondo del *passage*. Allí se dispusieron las nuevas escaleras a la planta superior.

Es posible que no se llegaran a realizar todas las reformas señaladas en
los planos, pero existe un dibujo de John Thorpe, realizado en los primeros años del siglo XVII, en el cual aparecen las dos fachadas de Beauford definitivamente concertadas.

La fachada trasera, ahora, es completamente regular. El *screen passage* se prolonga con un pequeño pasillo para definir la posición del
acceso posterior, definitivamente centrada, y hacer corresponder la
simetría del frente con la de la parte posterior. El conjunto adoptó así
la forma de "H" que caracteriza las residencias construidas unos años
antes en Inglaterra.

Por otro lado, la incorporación de un corredor entre las piezas que dan
a la fachada principal y las que dan a la fachada posterior, permite

reorganizar las distintas piezas y usarlas con más flexibilidad. Las piezas de servicio se agrupan hacia la fachada posterior y abandonan la posición que tenían en la casa medieval, al otro lado del *screen passage*. De este modo se pueden usar sin necesidad de atravesar otras piezas.

Esta novedad fue otro paso importante para regularizar la distribución interior de las grandes residencias compactas, pero también para romper lo límites que imponían los viejos usos y rituales y proponer un uso más flexible de las piezas.

Gracias a la regularidad que imponían las formas clasicistas, paradójicamente, las residencias inglesas aumentaron su funcionalidad y perdieron el poder significante que antes tenían. Este tipo de soluciones, sin embargo, no se generalizaron hasta los primeros años del siglo XVII.

Las primeras residencias isabelinas con patio interior

La organización de las residencias con patio, de la primera mitad del siglo XVI, al igual que las del siglo XV, estaba condicionada por dos aspectos que debían conciliarse: la regularidad y simetría del conjunto y la irregular disposición de las piezas residenciales que, respondiendo al tipo medieval, se situaban al fondo del patio.

Si la simetría monumental se imponía, el *hall* debía reducir su tamaño o desplazarse a un lateral. Si se imponía la irregularidad de la residencia tradicional, la portada de acceso debía desplazarse del centro de la fachada, como había ocurrido en los *colleges*.

Experiencias posteriores realizadas en las mansiones sin patio, demostraron que era posible lograr un acuerdo aceptable entre ambas condiciones. Las soluciones ensayadas en Barrington Court y Eastbury Manor podían ser aplicadas a residencias estructuradas en torno a un patio interior. El eje de simetría de las residencias con forma de "H" o de "E" podía hacerse coincidir con el eje de acceso al patio, como se había hecho años atrás en las residencias fortificadas. Sólo había que sustituir el antiguo conjunto residencial por el nuevo, de fachadas simétricas.

El patio interior se ajustó al nuevo eje de simetría de manera que la zona residencial quedó al fondo del patio (como en las residencias del siglo XV) y la puerta principal se alineó con el *screen passage*, situado al otro lado del patio. Las residencias con patio del siglo XV habían mostrado que la fachada principal, careciendo de las limitaciones que imponía el hall asimétrico, podía ser diseñada como un conjunto completamente regular.

Burghley House y Kirby Hall, por ejemplo, lograron integrar el bloque residencial regularizado con un patio interior relativamente ordenado. Las plantas dibujadas por John Thorpe cuando ambas mansiones estaban construidas, muestran los esfuerzos realizados por los constructores y los propietarios para imponer la regularidad al conjunto edificado.

Burghley fue construida por Willian Cecil (Lord Burghley, continuador y protegido de Lord Somerset) en dos fases. La primera fase, realizada entre los años 1556 y 1564, era una residencia compacta, basada en el tipo medieval, pero con la fachada simétrica. La segunda, construida entre los años 1577 y 1587, ampliaba la anterior con un gran patio rectangular ordenado según dos ejes ortogonales.

Es posible que William Cecil pensara ampliar la residencia cuando construyó la primera fase, pues la ausencia del *parlour* facilitó que el *screen passage* se situara después en el eje del edificio.

Para regularizar el patio interior, se proyectó un pórtico nuevo, separado de la fachada de la zona residencial y situado al fondo del patio. Este pórtico, además de conectar las dos alas de la residencia sin necesidad de usar las piezas familiares, conectaba las dos alas con el *screen passage*. La conexión se realizó mediante un pasillo, como en la planta de Beauford dibujada por Thorpe, aunque en este caso dejaba dos patios de luces a los lados.

Gracias a esta artificiosa solución, el patio logró la autonomía y la regularidad que Lord Burghley deseaba, pudiendo aplicar a las fachadas unos órdenes clasicistas muy particulares que procedían de su afición por la arquitectura francesa.

La fachada principal del conjunto se construyó en último lugar. A diferencia de las fachadas del patio, tenía un aire *Tudor*.

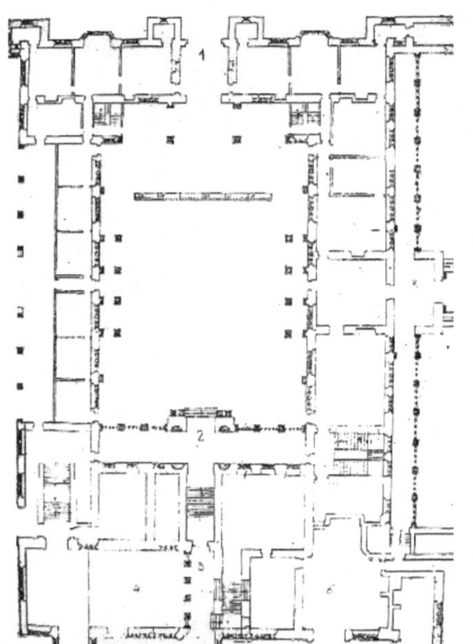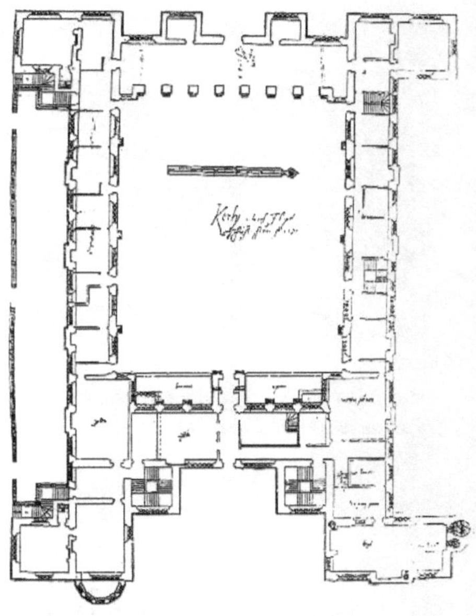

Burghley House. (1556-1587). Planta baja dibujada por John Thorpe. La casa original, con el *hall* y el *screen*, se aprecia en la parte inferior. (El patio interior se construyó entre los años 1577 y 1587). Kirby Hall. (1570). Planta dibujada por John Thorpe.

Burghley House. Fachada principal. Kyrby Hall.
Fachada trasera hacia el patio.

En la fachada de la segunda Burghley reaparecieron las torres rematadas por cúpulas, los antepechos almenados en las cubiertas y las *bays
windows* verticales. Desaparecieron, en cambio, las articulaciones y los
detalles clasicistas que decoraban el patio interior.

Según Girouard, esta fachada se construyó en un período de falsa
decadencia del Renacimiento inglés. En la década de los 80, se produjo una vuelta al estilo *Tudor* y se olvidaron o reinterpretaron los esquemas decorativos clasicistas conocidos desde Somerset House. Éste
fue un período en el cual muchas grandes residencias prescindieron
de las incipientes articulaciones clasicistas y recuperaron los grandes
ventanales de reja heredados del gótico *perpendicular*. Con la nueva
fachada quizás sólo se pretendía continuar la tradición figurativa y
constructiva de las residencias con patio anteriores, como Hampton y
Hengrave. La fachada en realidad respondía a los innovadores diseños
que se estaban realizando en esos años en las residencias sin patio,
como Worksop.

El distanciamiento de la segunda Burghley con respecto a las formas clasicistas se puede observar en el tratamiento irónico de las chimeneas.

Los grupos de chimeneas, que hasta el momento eran una característica medieval, fueron rematados con trozos de entablamento, como si fueran columnas. Este tipo de anomalías figurativas alteraban la lógica de las composiciones clasicistas y proponían juegos ingeniosos e irónicos, cuya finalidad era impresionar. Son una muestra de la despreocupación con que las formas clasicistas fueron acogidas en Inglaterra.

Kirby Hall, hoy en ruinas, también integró el tipo medieval en un conjunto simétrico ordenado en torno a un patio. Fue construida unos años antes que la ampliación de Burghley y supuso un avance muy importante en la evolución hacia la regularidad.

Kirby, al contrario que Burghley, fue construida según un proyecto unitario, por lo cual no se hizo necesario añadir una galería para regularizar la zona residencial hacia el patio.

Las diferencias entre Burghley y Kirby, a pesar de la similitud de sus plantas, son numerosas y afectan, tanto al bloque residencial, como al patio.

La zona residencial de Kirby no sigue el modelo de Burghley, sino el de Barrington Court, y puede considerarse el antecedente de Doddington y Wimbledon. La simetría de las fachadas, el *screen passage* central, las escaleras de las esquinas interiores y el pasaje lateral a las cocinas, confirman la relación.

Las diferencias más relevantes son las siguientes. Mientras Kirby se ordena en relación a un sólo eje, Burghley presenta otro eje transversal que se cruza con el principal en el centro del patio. Mientras el acceso exterior hacia el *hall* de Burghley se esconde en un lateral del elemento saliente central, en Kirby dicho acceso aparece centrado entre dos cajas de escaleras y dos salientes simétricos. Este hecho, poco relevante a primera vista, aumentó la monumentalidad de la fachada trasera y la obligó a competir en importancia con la fachada principal de acceso al patio.

Kirby Hall ha llamado la atención de los historiadores, además, por el singular tratamiento del patio interior, por sus altos ventanales de reja, desde el suelo a la cornisa, por la utilización por vez primera en la arquitectura inglesa de un orden gigante apilastrado, por las columnas y ornamentos de estilo veneciano (copiadas, según Summerson, del libro

de Shute) y por algunos detalles decorativos posteriores atribuidos a
Inigo Jones. Por todo ello, Summerson definió la residencia como *una
curiosidad pionera* y *una residencia festiva y extravagante*.[15] Y quizás resulte festiva y extravagante en los detalles, pero no en planta, pues resolvió
con habilidad los problemas derivados de la necesidad de conciliar dos
mundos diferentes.

La planta de Kirby fue motivo de polémica. Summerson hizo notar que
John Thorpe, a quien se le atribuía el proyecto, tenía 7 años cuando la residencia se construyó. La inscripción de Thorpe en la planta, *"Kirby where of
I layd ye first stone A° 1570"* (Kirby, donde yo coloqué la primera piedra en el
año 1570), fue justificada por Summerson explicando que los niños podían
protagonizar este tipo de actos, especialmente si eran hijos del constructor, pues es probable que el padre de J. Thorpe, Thomas Thorpe, que murió
en el año 1596, fuera el principal *master artificer* de la residencia.[16]

Al margen de atribuciones, Kirby inició el camino hacia la planificación
ordenada de residencias, es decir, el camino al que se opusieron en el
siglo XIX los defensores de la *arquitectura libre inglesa* y de un modelo
medieval idealizado de acuerdo con la sensibilidad pintoresca. Los extraños detalles decorativos de Kirby y el orden gigante del patio interior no
dejan de ser anécdotas, comparados con el avance que supuso la planta
hacia la regularidad del edificio. Kirby fue además el comienzo de una
serie de experiencias singulares e innovadoras que siguen sorprendiendo
a los historiadores: las *casas prodigio* isabelinas.

Las grandes residencias isabelinas

Durante el siglo XVI, las casas de campo se continuaron utilizando para
representar el poder y la riqueza de los propietarios. En las 3 últimas décadas del siglo, la posibilidad de albergar en ellas a la reina Isabel, aumentó
la rivalidad.

Las residencias más importantes de este período fueron construidas por
nobles, caballeros y comerciantes que vivían lejos de la corte. Pero la
posibilidad de que la reina se desplazase hasta ellas, obligó a muchos a
emplear la mayor parte de sus fortunas en la construcción de sus casas.

Según Summerson, *había una gran diferencia entre una casa pensada para una sola familia y una pensada para recibir a la corte. Esta diferencia radicaba en el número de apartamentos o lodgins; un apartamento era un conjunto de dos o tres habitaciones dispuestas para albergar a una persona de importancia.*[17]

En aquellos años, el orden y la monumentalidad de las residencias representaba modernidad y poder. Los propietarios, en consecuencia, competían por agrupar todos los apartamentos de la residencia en un conjunto compacto y ordenado que no recordara, al menos exteriormente, la irregular residencia medieval. Trataban, en última instancia, de impresionar.

Según Summerson, *no es fácil clasificar las grandes casas isabelinas de forma clara y ordenada.*[18] No obstante, propuso el siguiente esquema. 1-Las ligadas a Robert Smythson. Longleat y Wardour. Wollaton, Worksop y Hardwick. 2-Las casas de Willian Cecil. Burghley, Theobalds y las que se basaron en ellas, Holdenby y Audley End. 3-Wimbledon, Montacute y otras residencias con forma de "H".

Esta heterotópica clasificación puede justificarse porque la forma de las residencias isabelinas dependía más del carácter y los gustos del propietario que de cualquier otra circunstancia. Incluso las residencias atribuidas a Robert Smythson tienen formas muy diferentes.

Para apreciar la singularidad de las grandes residencias isabelinas, es suficiente considerar las más conocidas: Longleat, Wollaton y Hardwick.

La evolución de Longleat

Longleat, aunque ha sido objeto de diversos estudios, no ha perdido su interés. Mantiene su singularidad y misterio, a pesar de acoger un zoológico y de haberse convertido en una especie de parque temático de la mano del Marqués de Bath, el séptimo descendiente de su primer propietario.

Según Mark Girouard, *Longleat creció como una perla... el grano de arena, en este caso, fue un grupo de pequeñas construcciones monásticas.*[19] Longleat se fue ampliando poco a poco, durante 30 años, envolviendo en varias capas una antigua construcción medieval.

Girouard después de contrastar numerosos documentos, logró documentar estas etapas. Sus artículos *New Light on Longleat*, publicado en la revista *Country Life* el año 1956, y *The Development of Longleat House*, publicado en la revista *Archaeological Journal* 6 años después, fueron los primeros estudios sobre uno de los edificios considerados hasta ese momento, aberraciones arquitectónicas de épocas oscuras. Los artículos de M. Girouard sobre Longleat fueron, además, el inicio de 20 años de investigación sobre la arquitectura isabelina que culminaron, en el año 1983, con la publicación de su libro *Robert Smythson and the Elizabethan country house.*

La historia de Longleat, resumida, es la siguiente:

En el año 1539, John Horsey, aprovechándose de la *"Disolución"*, compró a bajo precio un pequeño edificio perteneciente a los monjes cartujos. Un año después vendió el edificio a John Thynne.

Entre los años 1547 y 1553, Thynne realizó una remodelación para poder utilizar el edificio como residencia habitual. En esta intervención se respetaron las trazas del edificio medieval.

Entre los años 1553 y 1558, Thynne añadió nuevas piezas al oeste y al sur. En el año 1562, completó una primera envolvente, añadiendo nuevas piezas en los lados este y norte.

La estrategia para llevar a cabo esta remodelación, denominada por Girouard *la segunda Longleat*, fue sencilla. Puesto que Thynne necesitaba habitaciones más amplias y representativas pero también quería aprovechar lo que ya estaba construido, dispuso las nuevas piezas alrededor del edificio existente. Construyó una crujía exterior, dedicada a uso residencial, y dedicó la parte interior a la zona de servicio. De este modo comenzó *la completa extroversión de Longleat.*

La fachada de la segunda Longleat estaba terminada en el año 1562, pero las obras continuaron en el interior hasta el año 1567. Esto fue posible porque la envolvente exterior y el interior fueron tratados como problemas constructivos y compositivos autónomos.

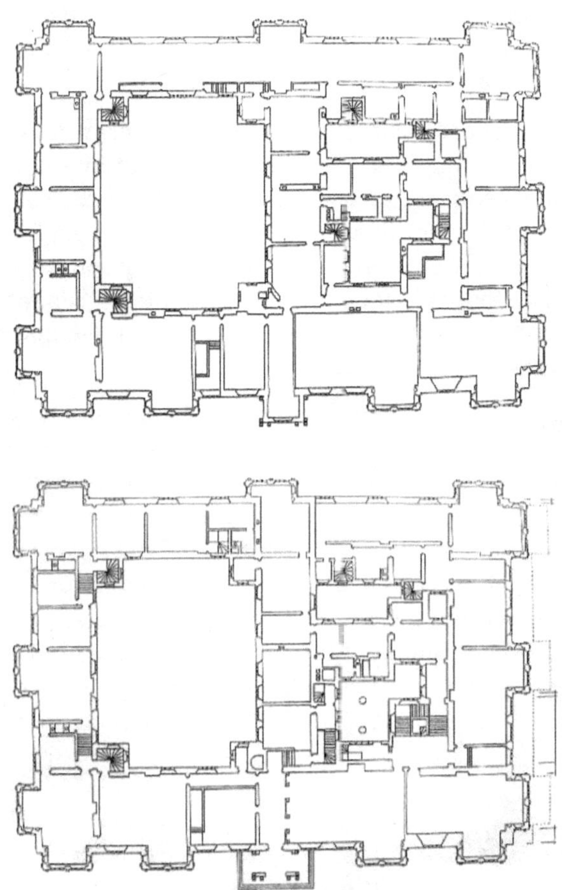

Lorgleat House. (1554-1572). Plantas baja y primera obtenidas a partir de los planos guardados en Hatfield House. (Del autor).

En el año 1567, fue destruida por un incendio. Ese mismo año Thynne se ocupó de la reconstrucción, encargando una maqueta de madera al maestro francés Adrian Gaunt. Según Girouard, es la primera maqueta documentada de Inglaterra.

En marzo del año 1568, Robert Smythson comenzó las obras de reconstrucción de acuerdo con la maqueta. Según Girouard, la tercer Longleat tenía un tamaño y una distribución parecidos a los actuales. Si esto fuera cierto, habría que suponer que Gaunt había dispuesto en la maqueta un nuevo patio interior, casi regular, como contrapunto al oeste de la confusión de muros y patios del edificio inicial. Las fachadas norte y sur debieron regularizarse, respondiendo a un eje que permitía duplicar el tamaño de la vivienda.

Thynne volvió a recurrir, en la reconstrucción, a una ampliación de la crujía exterior para aumentar el tamaño y el número de piezas habitables. Intentó que la residencia tuviera más presencia y monumentalidad. Pero el tercer Longleat no llegó a completarse. La gran galería, que debía ocupar toda la fachada norte no se construyó. Sólo se terminó a principios del siglo XIX, como parte de una intensiva y desafortunada remodelación interior encargada a J. Wyattville, quien regularizó los pequeños patios, incluyó corredores interiores de comunicación e incorporó una escalera monumental en el eje de acceso alterando profundamente las características más significativas de la residencia.

En el año 1572, Thynne decidió realizar una nueva remodelación que, en esta ocasión, afectó casi exclusivamente a la fachada.

Es probable que la fachada de la tercer Longleat no estuviese completamente terminada cuando Thynne decidió construir la nueva fachada. Girouard supuso que esta fachada *estaba probablemente terminada en 1570*,[20] pero difícil imaginar que en el plazo de 3 años se pudieran construir y destruir más de 300 metros lineales de una fachada de 15 metros de altura.

Sea como fuere, una nueva fachada de tres plantas de altura y grandes ventanales de reja dispuestos a intervalos regulares envolvió el edificio. Era una especie de telón que ocultaba las irregularidades de las construcciones anteriores.

Longleat House. (1554-1572).

Es posible tener una idea bastante aproximada de la cuarta Longleat a partir de los planos conservados en Hatfield House. Basándose en ellos, Summerson dibujó una planta de Longleat que, a pesar de sus diferencias con la original, ha pasado a ser reproducida en los estudios especializados sobre Longleat (como la de Girouard del año 1961) y en las historias de la arquitectura inglesa (P. Murray, etc.).

En las plantas guardadas en Hatfield, por otro lado, se observan suficientes anomalías como para que la afirmación de Summerson, *lo primero que hay que notar en Longleat es su absoluta simetría respecto a dos ejes,*[21] deba ser matizada: las fachadas este y oeste no son completamente simétricas. No hacía falta que Girouard señalase que en la fachada este la *bay window* del sur se separa 2 m (6 pies y 8 pulgadas) de la esquina, mientras la situada en el norte lo hace a 0,80 m (2 pies y 8 pulgadas) de la esquina opuesta. La asimetría es evidente en las plantas.

Algo menos evidente es que el eje de esta fachada se encuentra descentrado respecto a los dos *bays*, por lo cual las ventanas situadas entre ellos presentan irregularidades. Las cuatro fachadas de Longleat, en rigor, son diferentes.

La mayor parte de las anomalías de la cuarta Longleat proceden del enfrentamiento entre una envolvente casi regular y una distribución irregular. Es el caso de los tabiques y muros que acometen contra ventanas, de las simetrías parciales o incompletas –que unas veces afectan al interior y otras al exterior–, de las diferencias de tamaño entre elementos que deberían ser iguales. Otras anomalías aparecen en el interior y son difícilmente justificables. Son los muros de carga desplazados de su eje, las piezas interiores sin acceso, las ventanas ciegas, etc.

Muchas de estas anomalías pueden explicarse considerando que los planos de Hatfield, más que un proyecto, son el resultado del levantamiento realizado para ajustar la nueva fachada a los restos existentes. Si existían partes de una fachada anterior, además, quizás se intentaron incorporar a la nueva. Así se explican las irregularidades de la fachada oeste.

Las plantas guardadas en Hatfield House, de cualquier manera, muestran que fueron realizadas con unos criterios muy parecidos a los que tradicionalmente se empleaban en la construcción. Las plantas y el edificio muestran que los problemas se resolvieron por partes.

Las distintas partes del edificio correspondían a distintos *artificers*. Cada uno respondía de un oficio, pero ninguno tenía la responsabilidad sobre el conjunto. Existen detalles de la fachada atribuidos a Smythson y detalles atribuidos a Allen Maynard, un *maestro* francés que debía tener ciertos conocimientos de la decoración italiana.

Los mismos elementos, en ocasiones, fueron resueltos con diferentes criterios. La idea general de la cuarta Longleat, por consiguiente, sólo podía ser responsabilidad de una persona con acceso a más información que los *artificers* y con capacidad y autoridad suficiente para orientar la actividad de cada uno de ellos. Esa persona sólo pudo ser el propietario de la residencia, John Thynne.

Thynee había sido el administrador de Lord Somerset, un noble que llegó a gobernar el país a la muerte de Enrique VIII y que, cuando Thynne realizó la primera remodelación de Longleat, estaba construyendo en Londres la fachada de Somerset House, es decir, *la primera fachada clasicista de la arquitectura inglesa*.

La fachada de Somerset House pudo ser la referencia para las remodelaciones de Thynne. Era simétrica y ordenada, se remataba con *bays* de varias plantas y tenía la cubierta plana. Pero la singularidad de Longleat estuvo condicionada por la coincidencia de otras circunstancias, entre las que cabe destacar las siguientes:

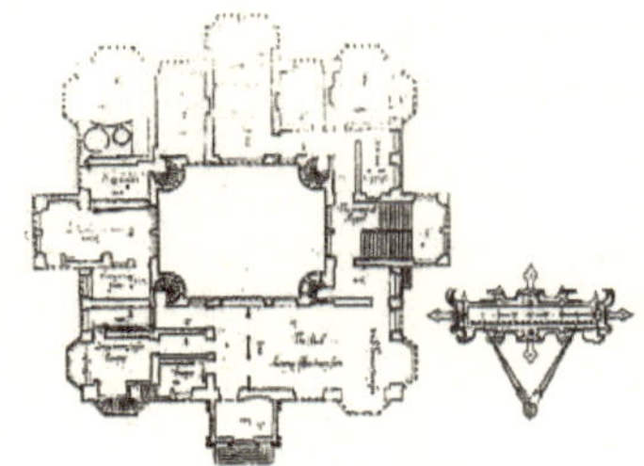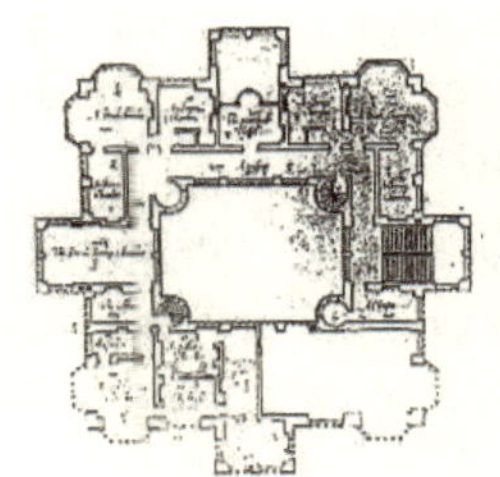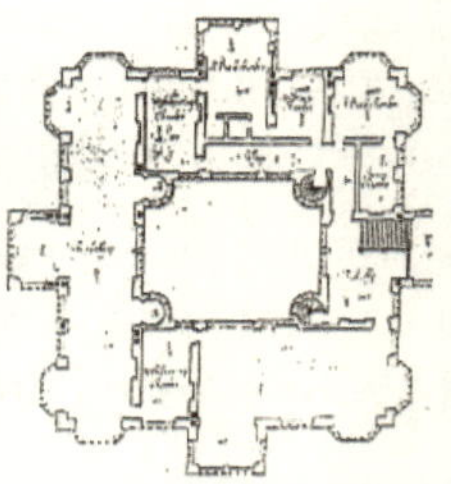

Proyecto anónimo atribuido
a Robert Smythson.

1. El creciente gusto de los isabelinos por los recursos formales ingeniosos (*devices*).

A finales del siglo XVI, esta afición se extendió a todos los aspectos de
la cultura, afectando a la literatura (se realizaban poemas con formas
geométricas, poemas en acróstico que podían leerse en horizontal y
vertical, poemas con forma de columna, de rombo, etc.), a la presentación de los platos (se componían con figuras geométricas) y a la arquitectura, proponiendo edificios geométricos similares a detalles decorativos, edificios con forma de letras, etc. Es muy conocido el proyecto
que John Thorpe realizó a partir de sus iniciales ("J.T").

Cuando se construyó la última Longleat, el gusto por las formas regulares era un signo de modernidad. Las formas regulares eran considera-
das signos en clave que sólo podían ser comprendidos por iniciados o
por personas con suficiente formación.

El gusto por la regularidad, en todos los casos, procedía del interés que
suscitaba el contraste entre la forma y el contenido. Para que el contraste resultara significativo sólo era necesario realizar unos cuantos
ajustes. El reto consistía en integrar la regularidad clasicista con las
formas de la tradición medieval.

Al gusto por las geometrías ingeniosas habría que añadir la atracción
que sentían los isabelinos por las formas de contenido simbólico y

místico. El *Triangular Lodge* construido por Thomas Tresham, por ejemplo, quería simbolizar el valor que había adquirido la Trinidad para un convertido al catolicismo.

Existe un proyecto anónimo en la colección Smythson que muestra lo que podría haber sido Longleat si no hubiera tenido que aceptar partes existentes. Dicho proyecto es una especie de *device*.

Entre este proyecto anónimo y el Longleat de los planos de Hatfield existen analogías evidentes. Los dos presentan una fachada regular que envuelve el conjunto y que choca con la distribución irregular del interior heredada de la mansión medieval, el *hall* de doble altura está desplazado en un lateral, el *screen passage* no se encuentra en el eje del acceso, etc. En ambos casos se procuró que los muros interiores no acometiesen contra los ventanales, pero el proyecto anónimo, a diferencia de la última Longleat, presenta las cuatro fachadas iguales y simétricas.

2. La aplicación de los avances constructivos del *gótico perpendicular* a la construcción de grandes residencias.

La construcción de grandes ventanales de reja, heredada de la arquitectura religiosa y la tradición del *gótico perpendicular*, era ajena a la tradición constructiva y figurativa clasicista.

En el mundo clasicista, la anchura del hueco estaba limitada por la capacidad mecánica del dintel. El peso de la mampostería se concentraba en los lados del hueco y los encuentros entre las partes superiores y las inferiores se ponían de manifiesto mediante articulaciones. En el mundo medieval, sin embargo, las cargas se repartían entre todos los montantes de piedra.

Los montantes de los ventanales habían sido ensayados en la arquitectura religiosa, de tal manera que los arcos apuntados (que permitían construir ventanas y naves sin necesidad de dinteles) fueron poco a poco sustituidos por los grandes ventanales de reja, más eficaces y fáciles de construir. La anchura del hueco se pudo ampliar aumentando el número de montantes. Pero también la altura, introduciendo entre los montantes verticales suficientes elementos horizontales de arriostramiento.

Los ventanales de reja, finalmente, ocuparon las fachadas, convirtiéndose en elementos expresivos capaces de articular por sí solos (sin la ayuda de los elementos del clasicsmo, de frontones, pilastras, etc.) toda la superficie de la fachada.

La posibilidad de construir fachadas con más superficie de ventanales que muro, dio lugar al pareado: *Hardwick Hall more glass than wall*. Hay que tener en cuenta que los elementos de articulación clasicistas eran ajenos a las tradiciones constructivas inglesas. Además tenían poco sitio en la fachada para ser alojados. Y cuando se incorporaron tímidamente, como en Longleat y Wollaton, lo hicieron para expresar modernidad.

La repetición de los ventanales de reja, además de permitir mejores vistas desde el interior y el paso de más luz a la residencia, desmaterializó las fachadas y convirtió las residencias en grandes cajas acristaladas con aspecto de invernaderos.

3. El uso despreocupado de la decoración.

Los detalles decorativos, ya procediesen de Italia, de Francia o de los Países Bajos, fueron añadidos a a construcción con el único objetivo de acentuar su singularidad y modernidad. Según Summerson, *el objetivo de los isabelinos al construir sus casas era de una simplicidad inocente: esplendor*.

En muchos casos, los propietarios no tomaron como ejemplo la arquitectura extranjera, sino su decoración. Los propietarios, formados en las tradiciones *Tudor*, incorporarcn al principio los ornamentos extranjeros para conseguir efectos agradables. Estaban de moda. Poco a poco, sin embargo, fueron prescindiendo de ellos.

4. Los rituales que se realizaban en las residencias.

Las cubiertas planas de las residencias isabelinas, por ejemplo, se pueden explicar en relación a los actos sociales que se celebraban en ellas. El *banquet*, escribió Girouard, *era una característica de la vida social del siglo XVI*. No era un banquete en el sentido moderno de la palabra, sino un servicio de dulces, frutas y vino, que se servía en lugar de la comida, o inmediatamente después de ella, como el café de hoy. *Conforme avanzaba el siglo, se comenzó a construir una pieza especial para el banquet, generalmente en lugares con vistas agradables, como la cubierta, o en torres construidas en el jardín... y uno puede imaginarse a los invitados de Thynne perderse en la fresca tarde por las cubiertas de Longleat, separándose en grupos para disfrutar de las vistas sobre el parque y las colinas de los alrededores, desde los encantadores pabellones parecidos a casas de muñecas.*[22]

Los *encantadores pabellones* a los que se refiere Girouard fueron diseñados por Robert Smythson para rematar las cajas de escaleras de los patios interiores.

Quizás los isabelinos no fueron absolutamente conscientes de estos procesos, pero las tensiones resultantes de la forzada integración entre lo tradicional y lo nuevo, entre la irregularidad interior y la regularidad exterior, convirtieron a las residencias isabelinas en islas de sentido y mundos autónomos que mostraban a los ingleses la posibilidad de conjugar la tradición con la innovación. Quizás no sea una casualidad que los recursos compositivos utilizados en aquella época, las formas geométricas ingeniosas, los enfrentamientos entre el orden y la irregularidad, la desmaterialización y acristalamiento de las fachadas, la despreocupación por la decoración y el uso de cubiertas planas se hayan vuelto a utilizar siglos después en Europa, cuando la arquitectura residencial volvió a renovarse.

Wollaton Hall

Sir Francis Willoughby construyó Wollaton, según Summerson, pura y simplemente como una extravagancia.[23] Extravagancias fueron, en tal caso, las residencias isabelinas más importantes.

Wollaton se puede considerar el contrapunto de Longleat, pues se construyó de una vez y a partir de un diseño unitario. Hoy reconvertida en museo de Ciencias Naturales, fue la primera residencia construida con un *hall* interior; un acontecimiento decisivo en la historia de la arquitectura residencial.

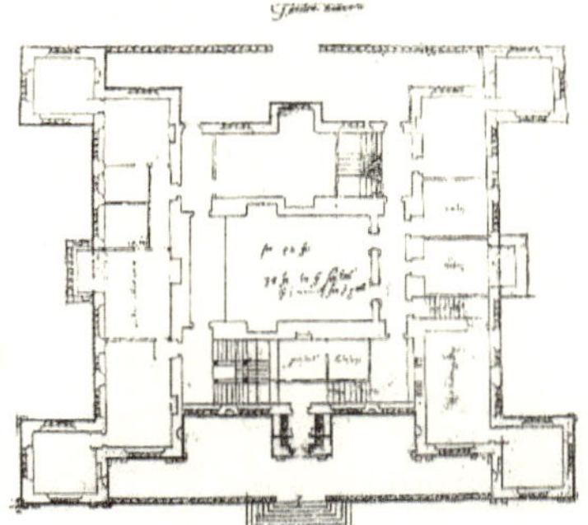

Wollaton Hall. (1580-1588).
Planta baja y alzado dibuja-
dos por John Thorpe.

La singularidad de Wollaton, como la del resto de residencias isabelinas, se debe a la aceptación parcial de los esquemas regulares y cen-
tralizados que procedían del continente.

Los dibujos de Wollaton realizados por John Thorpe y los dibujos, más
precisos, realizados por Robert Smythson no implican que la residencia
fuese diseñada por Thorpe, como se suponía hasta hace poco, ni por
Smythson, como suele suponerse. La inscripción grabada sobre la
tumba de Smythson, que le califica como *Architector and Surveyor* de
Wollaton, no excluye que la idea general fuese de Sir Francis
Willoughby, el propietario de la residencia.

Smythson debió ser el responsable de desarrollar la idea y de ejecutar y
supervisar la obra. Pero siempre a las órdenes del *señor* de la casa.

La biblioteca de Willoughby incluía los más importantes tratados de la
época, los de Palladio y Vignola, de Serlio, Philibert de l'Orme y Du
Cerceau, incluso una edición del Vitrubio de Barbaro, y es lógico suponer
que las ilustraciones fueron utilizadas como referencia.

Girouard y Friedman han señalado que una planta anónima encontrada
entre los documentos de Willoughby reproduce casi exactamente una

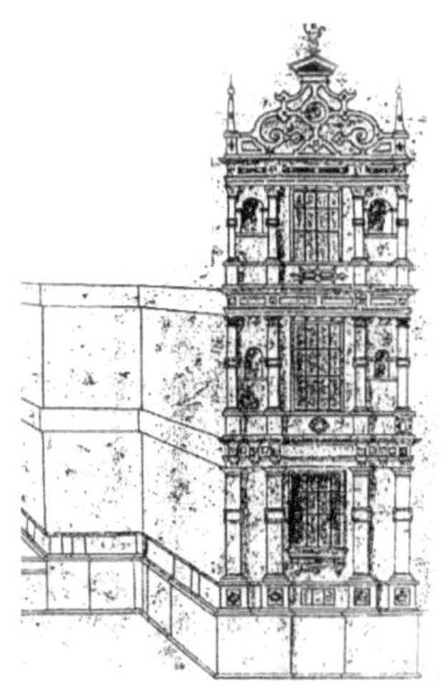
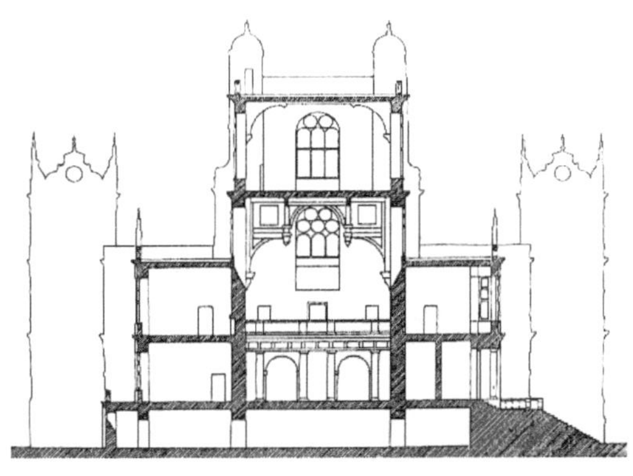

Wollaton Hall. (1580-1588). Detalle en perspectiva
dibujado por Robert Smythson y sección transversal
por el hall y la prospect room. (Del autor)..

planta de Du Cerceau. También que la planta de Wollaton se parece
mucho a la villa en Poggio Reale dibujada por Serlio, pues en ella la sala
principal se encuentra, como en Wollaton, en el centro del conjunto.

Pero Wollaton se distancia definitivamente de las villas italianas porque
la puerta principal y el vestíbulo no conducían directamente a la pieza
central (como hacen hoy), sino que había que girar bruscamente hacia la
derecha y cambiar dos veces de dirección para poder llegar hasta ella.

La regularidad se debía conjugar con la disposición irregular de las
piezas en el tipo medieval y con la necesidad de acceder al *hall* por
uno de sus extremos. Ahora bien, si el *hall* debía ser la pieza central y
la dirección de acceso a la residencia se situaba en el eje, sólo había
dos opciones. O bien se alineaba el eje del *hall* con el eje de acceso y
se accedía al *hall* por donde antes se realizaba el paso a las cocinas, o
bien se disponía *hall* perpendicular al eje del acceso y se creaba un

Wollaton Hall en una ilustración de *Seats of Noblemen and Gentlemen* de F.O. Morris. (1880).

pasaje nuevo en forma de "Z" para conectarlo lateralmente con el vestíbulo de acceso.

La planta de Serlio para Poggio Reale quizás mostró a Sir Francis Willoughby que era mucho más sencillo conectar directamente el acceso principal con la sala central, pero esta solución alteraba profundamente los usos y los significados asociados a la vida en el campo.

Wollaton anunciaba claramente el triunfo de la regularidad sobre las formas de la tradición. Incluso anunciaba la desafortunada intervención que finalmente conectó el *hall* con el acceso principal y que hoy permite al visitante acceder al *hall* por el lugar equivocado.

Tiene además otras características que la apartan que cualquier línea evolutiva. El *hall*, por ejemplo, tiene una altura superior a las dos alturas del *hall* tradicional. Situado en el centro de la edificación, recibe la luz por encima de la cubierta mediante una especie de claristorio. A diferencia de los *halls* tradicionales tiene el techo plano y una pieza sobre él.

La gran altura de este *hall* singular, necesaria para recibir la luz desde el exterior, no era suficiente para manifestar su presencia hacia el exterior. De manera que el señor Willoughby decidió añadir una pieza sobre él.

La nueva pieza no tenía una utilidad definida y sólo era accesible por una estrecha escalera de caracol. Estaba condenada, por tanto, a permanecer vacía sin muebles. Puesto que tampoco tenía chimenea, debía ser muy incómodo permanecer en ella o realizar cualquier actividad.

El único uso que se dio a esta singular habitación fue el de *prospect room*, un mirador desde el cual el señor de la casa podía divisar sus propiedades sin salir al exterior.

Allí, en las nubes, en su gran *prospect room desolada*, escribió Mark Girouard, *Sir Francis Willoughby podía dedicarse a pensar que era un superhombre o, incluso, el mismo Dios.*

Esta enorme habitación situada sobre el *hall* de la residencia, según Girouard, es una de las más grandes *folies* construidas en Inglaterra.[24]

Wollaton fue construida para producir sobre el visitante un intenso efecto escenográfico. La *prospect room* situada sobre el *hall* era la parte fundamental del efecto, pues aparecía en primer lugar ante el visitante que se acercaba a la residencia, según atravesaba el túnel con escaleras que existía en el pabellón de acceso al jardín. El resto de la residencia aparecía lentamente, conforme el visitante iba ascendiendo. Una vez situado en la plataforma de acceso, el visitante se encontraba flanqueado por dos pórticos laterales que enmarcaban la residencia. Las torres cuadradas de los laterales y el escalonamiento de la fachada completaban un efecto de profundidad y recesión hacia la puerta de acceso.

Una prueba del valor concedido a este tipo de efectos es que, tanto en los dibujos de Smythson como en los de Thorpe, las torres y la fachada fueron representadas en perspectiva. Estas perspectivas fueron, probablemente, las primeras dibujadas en Inglaterra.

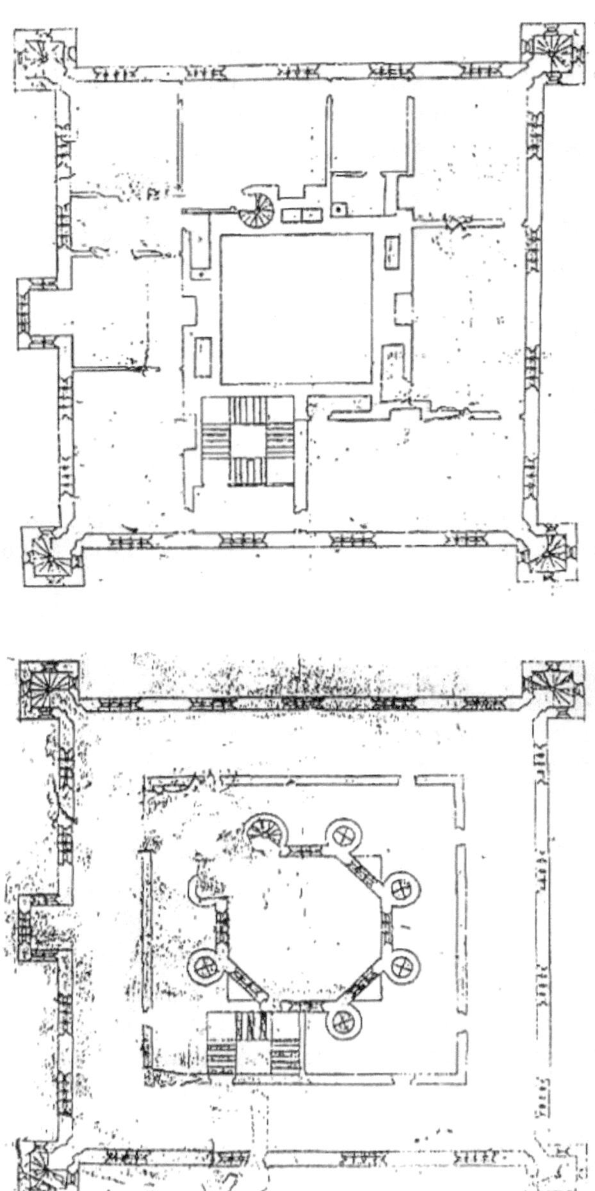

Planos anónimos para un proyecto de residencia.
Biblioteca de Longleat.

Según Robert Venturi, el enorme piso superior de Wollaton se interpreta a simple vista como *una cosa a gran escala detrás de una cosa a menor escala*. El impulso ascensional y el marcado carácter gótico del cuerpo sobresaliente, además, contrastan con la estabilidad y los detalles clasicistas de la parte inferior.

A pesar de su singularidad, Wollaton tiene algunas analogías con Longleat. Las dos residencias disponen de una planta semienterrada para albergar las piezas de servicio que no se pudieron incorporar en la planta primera, las dos utilizan pilastras clasicistas en las fachadas y las dos tienen ventanales más altos en la segunda planta que en la primera.

Si la planta de Longleat ha sido comparada con las plantas de un proyecto anónimo de la colección *Smythson*, Wollaton también se puede comparar con otro proyecto anónimo y de la misma colección, que presenta otra manera ingeniosa de integrar la regularidad con una distribución irregular. (Desgraciadamente, no se puede asegurar si los proyectos fueron anteriores o posteriores a las residencias).

El parentesco de Wollaton con el proyecto anónimo es evidente: los dos se organizan a partir de una forma cuadrada, los dos están rematados en las esquinas, los dos son composiciones centralizadas, los dos sitúan en el centro la pieza más representativa de todo el conjunto y los dos muestran al exterior la existencia de ejes de simetría que se interrumpen en el interior.

También existe una diferencia significativa entre el proyecto anónimo y la residencia. El proyecto anónimo se organiza mediante dos cuadrados concéntricos, de manera que la pieza central puede ser un *hall* o un patio interior, aunque ninguna de las dos alternativas es satisfactoria. Si la pieza central fuese un *hall*, y el cuadrado ciego de la planta primera su doble altura, estaríamos ante el único *hall* cuadrado de la historia. Si el *hall* no fuese la pieza central y se encontrase en un lateral de la entrada (al igual que en Longleat) la pieza central podía ser un patio interior rematado por una torre octogonal. Pero esta pieza sólo tendría ventilación por los ángulos libres entre el cuadrado y la torre.

Lo más probable es que el proyecto anónimo correspondiese a una fase intermedia del proyecto, en la cual no se habían resuelto los problemas planteados por la regularidad.

La función de la pieza octogonal de la planta superior también es dudosa. Al encontrarse en el centro de una terraza plana interior, rodeada a su vez por una galería cubierta, podría ser una *prospect room* comparable a la de Wollaton, pero debería superar en altura a la galería de alrededor. El único acceso a esta *prospect room* sería una pequeña escalera de caracol situada en uno de los ángulos del octógono, que también se confundiría, como en Wollaton, con el resto de las torretas circulares. La existencia de esta escalera niega la posibilidad de que el octógono fuese una linterna para iluminar un *hall* en la planta inferior.

Todo indica que estamos ante un croquis o un proyecto experimental que no pretendía ser ejecutado; ante un proyecto singular con numerosas indefiniciones que debe ser interpretado como un juego ingenioso para lograr un edificio regular y centralizado, respondiendo a la vez, a las formas y los usos tradicionales. La irregular distribución de la planta primera y la extraña posición de la escalera principal demuestran que la regularidad se pretendió conciliar con una distribución interior irregular.

La regularidad del exterior y las irregularidades de la distribución interior eran dos partes del mismo problema. Las palabras con las que Girouard se refirió a Wollaton pueden hacerse extensivas a este curioso proyecto: *un edificio espléndido y original, uno de aquellos ingeniosos devices que, en aquella época, provocaban tanto entusiasmo en la literatura y en las artes*. No obstante, continuaba Girouard, *también contiene muchas soluciones extrañas y aberrantes*. En el caso de Wollaton, *pilastras tropezando con ventanas, aperturas, decoración excesiva y rasgos incompetentes*.

Si Robert Smythson fuese el responsable de los dos proyectos, habría que admitir que, *un cantero local sin bagaje intelectual… fue capaz de seleccionar, adaptar e integrar los datos de que disponía para producir lo que su cliente deseaba*.[25]

Hardwick Hall

La última residencia isabelina atribuida a Robert Smythson es Hardwick Hall. Su aspecto exterior, caracterizado por grandes ventanales de reja,

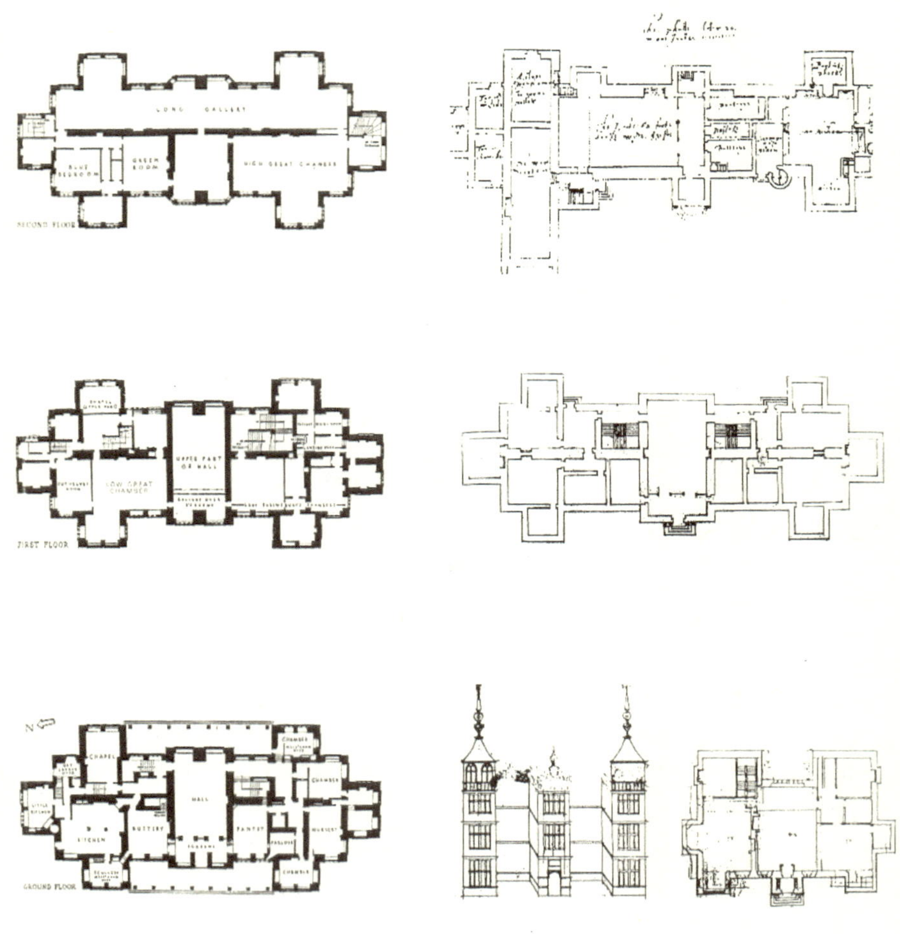

Hardwick Hall. (1590-1597). Plantas segunda, primera y baja. A la derecha: planta de Worksop Manor atribuida a Robert Smythson, variante simétrica de Hardwick Hall, también atribuida a Smythson, y Banqueting House en forma de "H" dibujado por John Thorpe a principios del siglo XVII.

volúmenes desnudos y cubiertas planas, no es muy diferente al aspecto de otras residencias isabelinas de la época, pero su distribución interior presenta soluciones completamente innovadoras.

En Hardwick, por primera vez en la arquitectura inglesa, el eje longitudinal del *hall* se hizo coincidir con el eje de acceso a la vivienda. La simetría, que hasta entonces sólo había afectado al exterior, se impuso a la irregular distribución heredada de la residencia medieval.

La consecuencia inmediata de girar el *hall* 90° fue que el *screen passage* dejó de usarse como acceso lateral y acceso a la residencia. Dispuesto en la posición que ocupaba el pasaje central a la cocina, coincidió con el eje del *hall*. Las dos direcciones ortogonales que daban sentido al uso de la vivienda cambiaron de posición y el *screen passage*, en lugar de separar la zona del servicio de la zona residencial, pasó a ser un simple vestíbulo que permitía la transición inmediata entre el exterior de la residencia y el *hall*. A un lado quedó el *buttery* y al otro el *pantry*.

Este nuevo vestíbulo, que ya no debería denominarse con propiedad *screen passage*, daba a la residencia un carácter más público, aunque las vistas hacia *hall* desde el exterior se evitaban porque las aberturas tradicionales del *screen* quedaban a los lados de la entrada principal. De este modo, el significativo giro que se debía realizar para acceder al *hall* en las antiguas residencias medievales quedó reducido a un pequeño quiebro.

La nueva posición del *hall* y la decisión de situar a ambos lados del nuevo vestíbulo dos piezas de almacenamiento creaba un nuevo problema. Si el *hall* se pretendía seguir utilizando para realizar en él grandes banquetes, los sirvientes debían encontrarse con los platos en el vestíbulo de la residencia y dirigirse hacia el *hall* como si acabaran de entrar por la puerta principal. Este problema, que más que un problema funcional era un problema de representación, contribuyó a que el *hall* se convirtiese, con el tiempo, en un simple vestíbulo.

La extraña situación de las piezas de almacenamiento a los lados del *hall*, además, impedía que el *hall* se iluminara por los laterales y por la parte alta de los testeros, como en las residencias medievales y en las iglesias. El nuevo *hall* (*cross hall*, según lo denominaron algunos historiadores) sólo se podía iluminar por los extremos, lo cual implicaba un cambio radical en su aspecto y su uso, pues las mesas alargadas no tenían luz suficiente. Era necesario atravesarlo, además, para acceder a las plantas superiores.

El *hall* dividía la residencia en dos zonas con la misma superficie y el mismo perímetro exterior. (La galería de los músicos se aprovechó hábilmente para conectar las dos zonas de la planta primera).

En la mansión medieval, las zonas de uno y otro lado del *hall* tenían distintos usos, ocupaban distinta superficie y se podían ampliar si crecían las necesidades de la familia. Pero esto era imposible en Hardwick, pues la superficie y el perímetro exterior estaban previamente definidos. La solución fue trasladar las piezas más importantes del servicio a la planta de acceso, ocupar con ellas ambos lados del *hall* e introducir una nueva crujía paralela a la fachada para disponer al fondo las escaleras hacia las plantas superiores. El espacio sobrante se dedicó a las piezas familiares, aunque el *parlour* se desplazó a una pequeña habitación (situada detrás del *pantry*) que no tenía conexión directa con el *hall* y se iluminaba escasamente por un forzado ventanuco que daba hacia el porche de acceso.

Puesto que la planta principal estaba ocupada por el *hall*, por una pequeña capilla lateral, por el pequeño *parlour* y por las piezas de servicio, las habitaciones de la familia y de los invitados debieron situarse en las plantas superiores. Los salones y los dormitorios se trasladaron a la planta primera y las piezas más representativas de la casa, destinadas a los invitados o a la reina, si algún día decidía visitar la residencia, se dispusieron en la planta superior. Se consiguió así un gradiente vertical de representación que iba desde las piezas de servicio, más pequeñas, situadas en el semisótano, hasta las piezas más grandes y representativas, situadas en la planta superior.

Hardwick también supuso un retroceso en algunos aspectos. Desde el exterior, parecía ordenada en forma de "H", como Worksop, pero los salientes simétricos eran simples volúmenes añadidos que no respondían a la organización interior. Esta característica también se aprecia en un boceto de la residencia, atribuido a Robert Smythson, que los especialistas consideran una variante regular. Éste es un boceto, por otro lado, que se puede comparar con los bocetos anónimos que fueron aquí asociados con Wollaton y Longleat.

La comparación entre los dos bocetos atribuidos a Robert Smythson (el boceto regular para Hardwick y la planta de Worksop Manor dibujada unos años antes) permite entender mejor los problemas a los que se enfrentaron los propietarios isabelinos.

Las semejanzas entre ambos bocetos son evidentes. Según Summerson, *si cortamos la planta alta de Worksop, dejando sólo las torres, y hacemos que las torres de los extremos sean iguales al resto, tenemos Hardwick.*[26] Pero las diferencias entre ellos son mucho más relevantes.

Mientras la planta de Worksop representa la evolución del tipo medieval hacia la regularidad y la simetría, el esquema de Hardwick, imponiendo al *hall* la simetría y la regularidad del exterior de la residencia, acaba con el tipo medieval y con los significados que daban sentido a la vida en el campo.

La planta de Worksop responde al esquema medieval en forma de "H" asimétrica dada por la separación en los extremos del *hall* de la zona de servicio y la zona de la familia. El esquema de Hardwick, por el contrario, implica una división formal de la vivienda, pero no una división funcional, pues las piezas de servicio, en planta baja, deben disponerse a uno y otro lado del *hall*.

El esquema de Worksop es todavía medieval. El *hall*, el *screen passage* y el resto de las piezas, mantienen la posición tradicional. El diseño clasicista realizado por Robert Smythson para el *screen* de Worksop, como se verá, no tuvo influencia en la distribución.

El esquema de Hardwick, por el contrario, presenta todas las piezas tradicionales fuera de su sitio, impidiendo la continuidad de los usos y las representaciones. Si el boceto de Worksop representa la culminación de las experiencias que transformaron las antiguas residencias medievales en unas construcciones singulares desarrolladas en altura, el boceto de Hardwick representa el inicio de la modernidad.

Cabe preguntarse cómo dos bocetos tan parecidos, realizados por la misma persona en un intervalo de 4 ó 5 años, se encuentran tan alejados desde el punto de vista de lo que representan. Para aclarar este punto es necesario recurrir de nuevo al importante papel que desempeñaron en el diseño los propietarios de las residencias.

Hardwick Hall. (1590-1597).

El propietario y constructor de Worksop, el mencionado George Talbot, fue el marido de la propietaria de Hardwick Hall, *Bess of Hardwick*, una dama que, a pesar de su carácter *masculino y difícil* (según los cronistas), fue la figura femenina más importante de la época después de la reina Isabel.

Bess of Hardwick comenzó a construir la nueva residencia después de haberse separado de su marido y de Worksop. Por esta razón, es lógico suponer que quisiera mostrar ante la sociedad su capacidad para "mejorar" y actualizar el diseño de su anterior residencia.

Talbot y *Bess*, seguramente, solicitaron los servicios de Robert Smythson con el fin de que desarrollase las diferentes ideas que tenían para sus casas. Y estas ideas, como sus vidas, siguieron caminos diferentes. Las de Talbot, el camino de la tradición y de una evolución gradual de las formas medievales; las de *Bess*, el camino de la modernidad, de la ruptura con las formas tradicionales y de la aceptación de los modelos y modos que procedían del continente. No hace falta insistir en que los propietarios respondían del diseño de sus casas y los *master artificers* debían limitarse a cumplir sus indicaciones o proponer alternativas, lo cual explicaría el diseño clasicista realizado por Robert Smythson para el *screen* de Worksop.

La residencia de *Bess* no se construyó según el boceto simétrico atribuido a Robert Smythson. Desaparecieron las escaleras simétricas, cambiaron la forma y el tamaño de las piezas, aparecieron nuevas piezas y se perdió la regularidad interior.

Las diferencias entre el boceto y la residencia finalmente construida debieron estar provocadas por la necesidad de incorporar al edificio todas las piezas especializadas que todavía daban sentido a la vida en el campo. En el ala derecha de la residencia, por ejemplo, aparecen once piezas, frente a las siete del boceto.

Con el nuevo *hall* se perdieron algunos rituales, aparecieron otros para sustituirlos.

Puesto que el *hall* se convirtió en un espacio que era necesario atravesar para llegar a las escaleras y puesto que las habitaciones de las plantas altas eran las más importantes y espaciosas, fue necesario pensar en un recorrido ritual que comenzara en el *Hall* y terminara en la habitación principal. Las dos escaleras simétricas del boceto habrían hecho dudar al visitante, por lo cual se decidió poner el acento en una de ellas (la situada a la derecha del *hall*) y diseñarla para conseguir un fuerte efecto dramático.

El nuevo recorrido ritual comenzaba en el *hall*, continuaba por la gran escalera, se desviaba por una escalera lateral y culminaba en la galería y la *gran cámara* de la planta superior donde *Bess* esperaba alojar a la reina. Esta singular *promenade* no habría sido posible si Hardwick se hubiese construido con las dos escaleras simétricas.

Escalera de Hardwick Hall ilustrada en el libro de Joseph Nash, *The Mansions of England in the Olden Times*.

La importancia que tenía en aquellos años el ritual de subir las escaleras fue expresada muy bien por William Cecil con ocasión de la visita que realizó Holdenby en el año 1570: *no encontré nada más agradable que la suntuosa ascensión desde el hall hasta la great chamber.*[27] Sólo resta añadir que la escalera de Holdenby era una escalera sencilla de dos tiros que habría quedado en ridículo ante la gran escalera de Hardwick.

Finalmente, el protagonismo del *hall* fue sustituido por el protagonismo de la escalera; uno de los acontecimientos más singulares de la arquitectura doméstica inglesa.

Los últimos *devices*

Hardwick Hall también era un device... su planta, que recuerda dos cruces griegas unidas, estaba pensada para agradar y sorprender al visitante, tanto de cerca como de lejos.[28]

Mark Girouard, en *Robert Smythson and the Architecture of Elizabethan Era.*

Es posible estudiar la evolución de residencias inglesas de acuerdo con un proceso lineal fundamentado en el principio causa-efecto. Así lo hizo Mark Girouard *Life in the English Country House.*

De acuerdo con este modelo, el *hall* fue perdiendo importancia como lugar de representación. La *great chamber* aumentó su tamaño y se trasladó a la planta alta. La *galería* cubierta, puesta de moda desde que Volsey construyó una en Hampton Court para hacer ejercicio los días de lluvia, comenzó a competir en importancia con el *hall*. La *great chamber* y la *with drawing chamber* (una sala y dormitorio privado contiguo a la *great chamber*) aparecieron cuando la familia necesitó albergar invitados importantes, etc.

Pero la evolución de las piezas también resultó afectada por los bruscos cambios derivados de los experimentos formales de los propietarios. No hace falta insistir en que la regularidad obligó a reinterpretar formas y usos ligados a la tradición, haciendo que las antiguas piezas perdieran, en ocasiones, su carácter.

El orden geométrico de algunas plantas dibujadas a finales del siglo XVI refleja las actitudes de los hacendados isabelinos frente a los valores que procedían del continente.

Los ideales de orden y jerarquía que llegaban del continente no eran compartidos por los señores isabelinos. Las novedosas plantas geométricas y centralizadas estaban más bien relacionadas con los juegos formales que acostumbraban a realizar con el fin de demostrar su ingenio y agradar a sus invitados. También se ha indicado que los diseños geométricos podían aplicarse tanto a la planta de un edificio como a un detalle decorativo. Incluso la iconografía de los detalles clasicistas, tenía

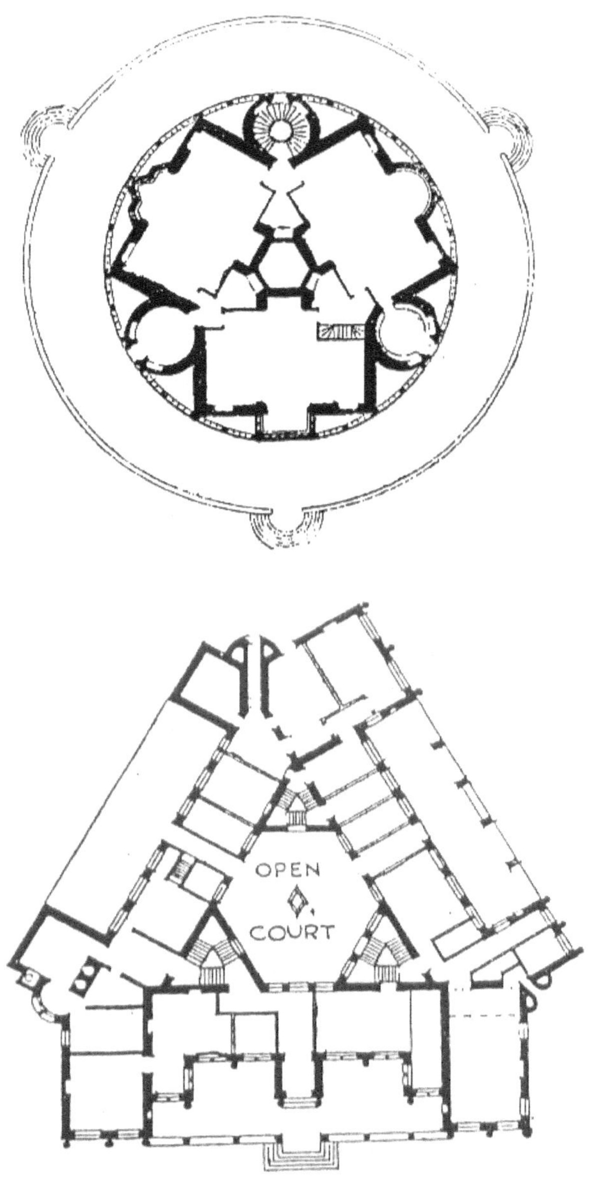

Dos diseños de John Thorpe ilustrados en *Book of Drawings*.

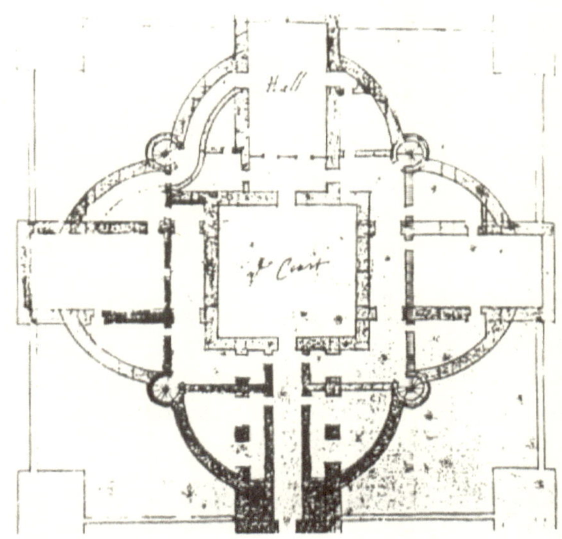

Proyecto para un edificio regular con un patio interior y un *hall* en el eje del acceso.

el carácter de juego ingenioso, pues los constructores no estaban muy interesados en los significados asociados a los detalles clasicistas.

Existe un proyecto de residencia, casi completamente regular y ordenado en torno a un patio cuadrado, en el cual el eje del hall se hace coincidir con el eje de acceso, situado en el lado opuesto del patio. Este proyecto de residencia tiene el aspecto de un detalle decorativo.

Si la clase alta de la sociedad isabelina utilizaba los juegos formales para reconocerse, para impresionar y para mostrar a los demás su capacidad para resolver problemas difíciles, fue porque la regularidad les parecía novedosa y emocionante. Los juegos formales, al desligar la forma del contenido, provocaban la sorpresa y favorecían la deshabituación.

En este contexto, la ausencia de decoración de las residencias isabelinas, la desmaterialización de sus fachadas con los ventanales de reja,
el empleo de la cubierta plana y la construcción de *prospect rooms* o
banqueting houses sobre ella, pueden considerarse *devices* realizados
para renovar las formas y los usos tradicionales. El ritual del *banquet*,
por ejemplo, fue motivo de ingeniosos *devices*.

El *banquet* era algo parecido a los postres, un servicio de vinos, frutas
y dulces que se realizaba al final de la comida. Su origen se remonta-
ba a la ceremonia del *void* o retirada de la mesa, pues en el siglo XIV
el *banquet* era servido a los invitados mientras éstos, de pie, espera-
ban que la mesa fuera retirada por los sirvientes. Los invitados no
podían retirarse hacia otra habitación puesto que ninguna tenía la
capacidad del *hall*.

Durante el reinado de Isabel, el *banquet* se convirtió en una ceremonia
informal que solía desarrollarse en el exterior del edificio. Pero con la
aparición de los pabellones en la cubierta, los invitados pudieron disfrutar del *banquet* admirando desde lo alto de la residencia las posesiones del anfitrión. El *banquet*, además, era un agradable vehículo para
ensayar nuevos *devices*. Los comestibles que se presentaban en los platos a los invitados, por ejemplo, podían componerse con forma de pája-
ro, de pez, o de cualquier otra cosa, *de acuerdo con la invención*.[29]

Los isabelinos de clases altas gustaban de la regularidad. Pero existía
una diferencia fundamental entre sus actitudes y las actitudes e ideas
de los arquitectos del continente. Para los arquitectos del continente, el
orden formal respondía a un sistema normativo riguroso que era el
reflejo del orden de las cosas. Para los señores isabelinos, el orden formal era un juego. Pero un juego con el que podían renovar las formas y
los usos tradicionales.

En los últimos años del siglo XVI, los juegos formales sorprendían a los
ingleses más que el lenguaje del clasicismo. Pero los juegos formales
dejaron de sorprender y los ingleses se enfrentaron a nuevos retos. El
más inmediato fue conocer y aplicar a sus edificios las normas del clasicismo. A partir de aquel momento, la residencia pasó a concebirse
como una unidad en la cual cada parte debía necesariamente integrarse
en el todo.

Poco a poco, desaparecieron los giros y transiciones espaciales que articulaban la vivienda, los recorridos rituales, las complejas agrupaciones de piezas y, en general, todas las anomalías producidas al intentar hacer compatible un exterior ordenado con una distribución interior irregular.

Las nuevas residencias del siglo XVII se abrieron al exterior, perdieron parte de la tradicional privacidad y mostraron un carácter público ajeno a las formas tradicionales. El lenguaje de la casa de campo pasó a ser el lenguaje de Palladio.

La arquitectura medieval se consideró superada y no se volvieron a discutir, hasta el siglo XIX, los principios formales de la casa de campo inglesa.

En el siglo XIX, las formas medievales renovaron su vigor de la mano de la sensibilidad pintoresca. De nuevo, la integración entre formas y tradiciones diferentes se realizó con ingenio, pero con el ingenio del arquitecto. La composición de residencias se convirtió, en un juego formal ingenioso destinado ahora a conjugar las reglas de varios juegos, en un juego sólo al alcance de los arquitectos sin prejuicios ideológicos.

El nuevo juego admitía las transgresiones, siempre y cuando resultaran significativas y produjeran beneficios a los propietarios. Las palabras que Lawrence Weaver aplicó a Lutyens pueden aplicarse a los arquitectos ingleses dedicados a proyectar casas de campo sin dejarse influir por prejuicios: *la corrección en el diseño moderno se muestra mejor en el prudente manejo de los motivos, en la asimilación de las esencias y en la claridad del punto de vista elegido; en la utilización de nuevas frases dentro del mismo lenguaje. La arquitectura, como la literatura, no puede inventar un nuevo lenguaje.*

El reto no fue ser clasicista o medievalista, sino buen arquitecto.

NOTAS

[1] *Their attitude to their houses was much the same as to their clothes. They thought a great deal about dress and spent extravagant sums on it. But they did not write or read books on the theory of costume; they seldom discussed clothes in letters to their friend; and they did not ask their tailor to dinner.*
Girouard, Mark. *Robert Smythson & the Elizabethan Country House.* Yale University Press. New Haven y Londres, 1983. Pág. 18.

[2] *But the Elizabethans approached the classical treasury in the spirit of pirates rather than disciples... there was no attitude of reverence, no feeling that the classical style was a discipline to be learnt, or that it expressed principles of absolute validity.*
Girouard, Mark. *Ibid.* Pág. 18.

[3] *The Catholic families, or those who were without ambition; or inefficient, or simply decadent, or those who disliked the government or were disliked by it, lived in their manor houses...*
Girouard, Mark. *Ibid.* Pág. 4.

[4] *The Antwerp school of design was, in relation to Italy, provincial and excessively mannered... Their conception of Italian design derived not from the High Renaissance of Bramante or Raphael, but from Michelangelo and his successors, from the Mannerist designers of the first half of the sixteenth century, with their elaborate rhythms and perverse combinations of antique forms.*
Summerson, John. *Architecture in Britain; 1530-1830.* Penguin Books, 1977 (1953). Pág. 53.

[5] *The liberal arts were Grammar, Dialectic, Rhetoric, Geometry, Arithmetic, Astrology and Music or Armony. The mechanical arts included, along with tillage, spinning, cooking, and so on, painting, carving and building.*
Girouard, Mark. *Op. cit.* Pág. 6.

[6] *— Op. cit.* Pág. 16.

[7] *... The few drops of Renaissance influence were enough to set up a fermentation in the stagnant waters of Tudor Gothic, and when the cloudiness had cleared away it emerged transmuted into a new style. The aberrations and provincialisms of Elizabethan detail are unimportant in comparation to the novelty, claring and unity of the architecture as a whole that emerged in the last twenty years of the reign... an architecture which would*

have been impossible if England had been exposed to the full blast of the Renaissance and which is one of the curiosities and the triumphs of European art.
Girouard, Mark. *Op. cit.* Pág. 28.

[8] *The college buildings which were put up in the next decade by Willian Vynford, a royal master-mason, combined in a single, formal quadrangle all the essential elements of a college.*
Watkin, David. *English Architecture* Ed. Thames and Hudson. Londres, 1979. Pág. 79.

[9] Kerr, Robert. *The Gentleman's House or How to plan English Residences.* Ed. John Murray, Albemarle Street. Londres, 1865. Pág. 418.

[10] Betjeman, John. *A Pictorial History of English Architecture.* Penguin Books, Londres, 1972. Pág. 50.

[11] Summerson, John. *Op. cit.* Pág. 34.

[12] *"... is Mediaeval in plan, Perpendicular in its details, but entirely Domestic in its character and appointments".*
Lloyd, Nathaniel. *History of the English House.* Architectural Press, 1976 (1931). Pág. 102.

[13] *"The struggle between the convenience of the traditional form and the desire for a symmetrical plan and facade determines much of the architectural history of the Elizabethan and Jacobean periods...".*
Kidson, Peter. Murray, Peter. Thompson, Paul. *A History of English Architecture.* Penguin Books. 1979 (1962). Pág. 157.

[14] Godfrey, Walter H. *The Site of Beauford House.* Survey of London: volumen 4. 1913.

[15] *In 1570 we come to another pioneering curiosity, the festive and extravagant house built by Sir Humphrey Stafford al Kirby.*
Summerson, John. *Op. cit.* Pág. 47.

[16] — *Op cit.* Págs. 47-48.
Otras residencias de la época también fueron atribuidas a John Thorpe, pues sus dibujos fueron interpretados durante mucho tiempo como proyectos. Así, por ejemplo, en el libro *English Homes*, publicado en el año 1922, se atribuyeron a John Thorpe las residencias Burghley, Kirby y Wollaton Hall.

[17] *There was a great difference between a house designed simply as a family seat and*

one designed for the reception of the Court. The difference lay chiefly in the number of lodgings required in a house of a latter kind -a lodging being a suite of two or three rooms suitable for the residence of a person of quality.
Summerson, John. *Op. cit.* Pág. 62.

[18] — *Op cit.* Pág. 62.

[19] *Longleat grew like a pearl, the grit in the oyster being in its case the group of insignificant monastery buildings....*
Girouard, Mark. *Op cit.* Pág 42.

[20] — *Op. cit.* Pág. 46.

[21] Summerson, John. *Op. cit.* Pág. 62.

[22] *The banquet was a great feature of social life in the sixteenth century. It was not a banquet in the modern sense of the word, but a dessert course of sweet meats, fruit and wine, served either as a meal in the self or as a continuation of the principal meal; in the latter case (as in the case of coffee today) usually in a separate room... Increasingly throughout the century a special apartment was built for it, usually in a position (either on a roof or in a tower in the garden) from which there was a pleasant view... and one can appreciate how charming a custom it must have been for Thynne's guests, well filled from a substantial meal, to wonder in the cool of the evening up on to the roof, and, breaking up into intimate groups, to enjoy the view over the park and surrounding hills from this enchanting doll-house pavilions.*
Girouard, Mark. *Op. cit.* Págs. 48-49.

[23] Summerson, John. *Op. cit.* Pág 62.

[24] *There, up in the clouds in the great desolate prospect-room, he could think that he was the superman or even God himself.*
The enormous room over the hall it is one of the great follies of the English architecture.
Girouard, Mark. *Op. cit.* Págs 108 y 104.

[25] — *Op. cit.* Págs. 107-108.

[26] *If the upper storey of Worksop is cut away, leaving only the projecting units rising above the parapets as towers... we have Hardwick precisely.*
Summerson, John. *Op cit.* Pág. 71.

[27] Girouard, Mark. *Life in the English Country House. A social and architectural history.* Yale University Press. New Haven y Londres, 1978. Pág. 93.

[28] *— Op. cit.* Pág. 153.

[29] *You shall first send forth a dish made for show only, as Beast, Bird, Fish, Fowl, according to invention. Banquets were, in fact, a suitable vehicle for devices.* Girouard, Mark. *Op. cit.* Pág. 106.

Capítulo IV

CONSTRUYENDO CON INGENIO
La casa del siglo XIX

En la época victoriana, el dinero comenzó a ser accesible para la clase media. Los beneficios que empezaba a producir la revolución industrial hicieron prosperar a un gran número de familias y muchas invirtieron sus ganancias en el campo; compraron terrenos, construyeron casas de campo y se fueron a vivir a ellas para convertirse en hacendados. El mundo que rodeaba la casa de campo se volvió muy competitivo.

Parecía que las antiguas familias de clase alta debían mantener o elevar su posición respecto a los recién llegados; pero, en general, éstos no hicieron lo que se supone hacen los nuevos ricos. No fueron agresivos, ineptos u ostentosos, sino que se suscribieron a obras de caridad, enviaron a sus hijos a colegios prestigiosos y se dedicaron a la caza y a la pesca con entusiasmo. Todas aquellas familias tenían la ilusión de ser aceptadas en sociedad.

Después de unos años, una vez que aprendieron las nuevas normas sociales, fueron aceptadas. El elaborado código de comportamiento de la clase alta victoriana suponía casi un ritual iniciático, que se solía utilizar para mantener alejadas a las personas indeseables. Cómo se debía vestir y cuándo, cómo había que dirigirse a los demás, eran auténticas trampas para los no iniciados, en buena medida, porque las normas no estaban escritas. Pronto aparecieron, sin embargo, normas escritas para ayudar a los recién llegados a resolver sus problemas. En poco tiempo, estas normas fueron aceptadas por los nuevos hacendados con más entusiasmo, incluso, que el que manifestaba por ellas la clase alta.

La clase media fue aumentando en número y poder. En la década de los años 30, comenzó a ser crítica con la arrogancia, la ineficacia y la inmoralidad de la clase alta, a la cual acusaban de dirigir el mal país y en su propio beneficio. Poco a poco, la clase alta se fue plegando a las exigencias de la clase media.

En los años 40, los movimientos de agitación de la clase trabajadora forzaron a la clase alta a luchar al lado de la clase media. En consecuencia, la clase alta debió ceder ante la nueva clase media adecuando su imagen a la moralidad exigida. Al final llegaron a ser, unas veces en serio y otras superficialmente, más serias, religiosas, domésticas y responsables.

A pesar de que la clase alta había renunciado también a buena parte del poder, seguían siendo los *señores*. Un rico industrial comentaba en el año 1860: *no está en nuestro ánimo derrocar a la aristocracia; estamos de acuerdo en dejar el gobierno y las instituciones en sus manos... dejémosles gobernar, pero dejémosles gobernar adecuadamente.*[1]

Una parte esencial de la nueva imagen de la clase alta, antigua o reciente, fue la domesticidad. Los hacendados y aristócratas deseaban mostrar que sus casas, aunque grandes, eran también hogares que daban cobijo a una vida familiar honesta y feliz.

Este tipo de vida tenía además un fuerte contenido religioso e implicaba ir a la iglesia los domingos, visitar a los pobres, leer libros religiosos, etc. Pero existían otras cualidades ideales del perfecto caballero inglés: debía ser cortés y hospitalario, buen deportista, propietario modelo, interesado en la agricultura y, si fuera posible, presidente de una o varias sociedades locales. Los intereses intelectuales o artísticos eran convenientes, pero no imprescindibles, pues podían ser dejados en manos de profesionales.

Las virtudes del caballero inglés eran las virtudes de la vida en el campo. Las casas debían mostrar una imagen que pudiera asociarse con dichas virtudes. Por esta razón, después de alguna modesta incursión en las villas italianas y de ocasionales acercamientos a los castillos franceses, la fuente de inspiración para los nuevos diseños fue el gótico *Tudor* y el estilo de las mansiones isabelinas.

Para los victorianos, aquellas casas evocaban la imagen del caballero inglés a la antigua usanza, recibiendo en el gran *hall* con la chimenea encendida y rodeado de personas confortablemente instaladas junto a los grandes ventanales de reja. Las casas de estilo gótico e isabelino tenían una ventaja adicional: de acuerdo con los escritos de Pugin y Ruskin, se podían asociar al cristianismo y "la verdad".

El moralismo de los victorianos y las nuevas técnicas aplicadas a las viviendas forzaron cambios significativos en la distribución de las grandes residencias. El *apartheid*, que afectaba tanto a los sexos como a las dos comunidades residentes en la casa, implicaba zonas absolutamente separadas. Las zonas de dormir, para hombres y mujeres, se encontraban aisladas, y la zona del servicio no debía nunca confundirse con la de la familia: *cualquiera que sea la relación y confianza entre las personas que viven bajo un mismo techo, es necesario que cada clase cierre sus puertas a la otra... ya que en ambos mundos la privacidad es altamente valorada*, escribió Robert Kerr.[2]

También era un ritual aceptado que los hombres, después de comer, dejasen solas a las mujeres para retirarse a fumar o jugar al billar en salas especialmente acondicionadas para ello.

Las nuevas técnicas, además, obligaron a incorporar nuevos residentes a la casa, como el *chauffeur* y el electricista, complicando la distribución de la zona de servicio.

Entre los años 60 y 80, uno de los pilares sobre el que se apoyaba la clase alta era la estabilidad del valor de las tierras. Sin embargo, en los años 80, los bajos precios del grano americano condujeron a la industria agrícola inglesa a 20 años de profunda depresión. Las familias de clase alta, que dependían exclusivamente de los productos de sus tierras comenzaron a tener dificultades, de manera que numerosas casas de campo quedaron vacías o se pusieron a la venta.

Las rentas de los hacendados no empezaron a aumentar hasta el comienzo del nuevo siglo, pero la mística de la casa de campo era tan fuerte que daba la impresión que nada había cambiado. Pero esto no era cierto del todo. Algunas familias pudieron mantenerse ante la depresión agrícola porque *tenían los huevos en otras cestas*, es decir, propiedades en Londres, negocios familiares o acciones en la industria. La lección pronto fue aprendida y la clase alta se acercó al mundo de los negocios.

Hasta la mitad del siglo XIX todo aquél que quisiera pertenecer como miembro de pleno derecho a la clase alta, debía evitar relacionarse con el mundo de los negocios y reinvertir sus ganancias en el campo. La única excepción fueron los banqueros, que resultaban imprescindibles para ella. Pero en los primeros años del siglo, la situación cambió radicalmente. Cuando los nuevos ricos se asentaron en sus casas de campo, continuaron con sus negocios en periódicos, tabaco, barcos, carbón o linóleo. Con el tiempo, estos nuevos propietarios de una casa de campo, dedicados a los negocios o la industria, fueron aceptados.

La fusión entre los negocios y la tierra no fue completa porque siguieron existiendo familias que vivían exclusivamente de las rentas del campo.

De cualquier manera, la casa de campo continuaba siendo idealizada, como se podía ver semana tras semana en la revista *Country Life*, una revista que comenzó a editarse en los años 90 por un romántico hombre de negocios enamorado de la casa de campo llamado Edward Hudson.

El fundamento de la revista era que la vida en el campo estaba amenazada por la industrialización y el crecimiento de las ciudades. Partía de dos premisas, que la vida en el campo era mucho más satisfactoria que la vida en la ciudad y que la vida de un caballero inglés en el campo era la mejor vida posible.

La admiración de la clase media por la casa de campo no tenía sólo un carácter romántico o nostálgico. La nueva clase media creía en la vida sencilla y las virtudes del hogar. Entre sus políticos había más socialistas que conservadores. Ellos mismos se consideraban progresistas convencidos, deseaban que la sociedad evolucionase, y si querían construirse una casa se dirigían a Voysey o Baillie Scott.

Country Life, aunque defendía las casas tradicionales, también daba cobertura a las construcciones modernas, pues la demanda de casas de campo en lugares agradables era enorme.

En los años 90, el gusto por las casas tradicionales convivía con el gusto por el orden y la simetría que caracterizaban las residencias del siglo XVIII. Un gusto que se vio reforzado por las casas de campo consulares que representaban al Imperio Británico en todo el mundo.

Desde ese momento, *el que quisiera construir una casa de campo que fuese nueva pero no excesivamente nueva, ordenada pero no ostentosa, tradicional y a la vez agradablemente innovadora, debía dirigirse a Lutyens... Arquitectónicamente, todas sus casas se mantuvieron relacionadas con la tradición de la casa de campo; en su primera época, con la irregular mansión medieval o Tudor y después, con las casas simétricas de los siglos XVII y XVIII. Pero tanto la simetría como los detalles tenían un tratamiento personal... Cuando las fachadas de Lutyens sugerían casas formales, la distribución interior era irregular; no existía una relación formal entre las principales piezas, se evitaban los ejes y se forzaban recorridos llenos de incidentes*, escribió Mark Girouard en su libro *Life in the English Country House*.[3]

Las interpretaciones próximas a la historiografía del Movimiento Moderno situaron la decadencia de la arquitectura inglesa en los primeros años del siglo XX. Según estas interpretaciones, un gran número de conformistas sofocaron las anticipaciones de los *pioneros*. El cambio de actitud de *Architectural Review*, las traiciones de Nestfield, Shaw y Lutyens, así como los abundantes encargos realizados a los arquitectos de la *Grand Manner*, sancionaron la vuelta del academicismo. Los *pioneros*, incapaces de generar una teoría general a partir de individualidades, se vieron obligados a transferir el liderazgo de la modernidad a la Alemania de Behrens y Gropius.

El libro de Hermann Muthesius, *Das Englische Haus*, permitió que las innovaciones de los pioneros fueran conocidas en el continente. Más adelante Nikolaus Pevsner, al codificar estas interpretaciones, abrió un camino del que hoy resulta muy difícil apartarse. Ahora bien, si se desea profundizar en los acontecimientos al margen de las ideologías, será necesario volver a plantear los problemas desde la propia disciplina arquitectónica.

La traición de los "pioneros"

En Arquitectura Palladio es el juego. Es algo grande. Pocos lo aprecian hoy porque valorar y manejar este juego requiere un considerable entrenamiento. Wren lo hizo de forma maravillosa. Shaw también tenía ese talento. Para el hombre de la calle no es más que algo estéril pero en la mente de un Wren, brilla de tal manera, que el duro material se transforma en algo plástico como la arcilla... Es un juego que nunca decepciona. Los trucos nunca se disfrazan. Esto implica un constante esfuerzo intelectual.

*Si este esfuerzo es muy laborioso, el juego falla. No se puede confiar en
la suerte como ayuda y su complicada maquinaria hace que parezca
imposible si no es en las manos de Jones o Wren. Así que es un gran
juego, un elevado juego.*[4]

Edwin Lutyens: carta dirigida a Herbert Baker en 1903 y reproducida por
A.S.G. Butler en, *The Domestic Architecture of Sir Edwin Lutyens*. (1950).

*Pronto se comprendió que el Gótico era un sistema general que no depen-
día de la imitación de los tradicionales detalles góticos. Era un sistema de
diseño que iba desde el interior hacia el exterior, en contraste con el clásico que lo hacía desde el exterior hacia el interior. En otras palabras, el
arquitecto gótico tenía en cuenta las necesidades de espacio, el programa
de necesidades, el aspecto exterior y las vistas hacia el paisaje (aspect
and prospect) para definir los alzados, mientras el clásico pensaba primero en la fachada. La simetría y el equilibrio eran leyes tiránicas para él...*

*El período que se corresponde con el mejor momento de la carrera pro-
fesional de Norman Shaw era, en general, más gótico que clásico...
pero poco después de la época Shaw, el clasicismo georgiano se puso de
moda, llegando incluso a corromper al gran Lutyens.*[5]

Charles Annesley Voysey en, *1874 and after*, texto escrito en 1930 y
reproducido por Alastair Service en su libro *Edwardian Architecture
and its Origins*. (1975).

La comparación entre estos dos textos hace inevitable la siguiente
pregunta: ¿cómo es posible que dos de los arquitectos ingleses más
representativos del siglo XIX, calificados por los historiadores como
pioneros de la nueva arquitectura, expresaran opiniones tan diferentes. La respuesta, si se considera desde el plano de la crítica y la historiografía, es mucho más compleja que si se considera desde la propia disciplina arquitectónica, pues los argumentos de Voysey se
corresponden exactamente con la versión oficial y siguen siendo
ampliamente aceptados y los de Lutyens chocan frontalmente con ella
y no han sido correctamente interpretados.

Para profundizar en el problema será necesario considerar sus dos aspectos, el teórico, en ocasiones con un componente moral e ideológico, y el disciplinar. Abordar el primero implicará sumergirse, momentáneamente, en el pantanoso terreno de la crítica arquitectónica.

Las afirmaciones de Lutyens, que fueron realizadas cuando tenía 34 años, mostraban un solo aspecto del problema y dieron pie a interpretaciones sesgadas. Butler, por ejemplo, las utilizó para explicar Heathcote, una residencia proyectada por Lutyens que trataba de integrar un exterior simétrico y ordenado con una compleja e irregular distribución interior.

Summerson, por su parte, también utilizó algunos de estos párrafos en *El lenguaje clásico de la arquitectura* para mostrar que un gran arquitecto de principios del siglo XX podía comprometerse con la disciplina del clasicismo. No obstante, Summerson aclaró: *Lutyens amaba, obedecía y desafiaba a los órdenes al mismo tiempo. La comprensión de la regla es un factor básico en la creación de los grandes edificios clásicos, pero el desafío a la regla es otro.*

Los argumentos utilizados por Butler en su libro dedicado a la arquitectura doméstica de Lutyens eran más simples: *Lutyens pronto se dio cuenta de que el desorden deliberado, cultivado por los arquitectos románticos de su juventud, no era de su agrado, salvo que lo impusiera la naturaleza del lugar. Él prefirió evitar poco a poco la planta aditiva (rambling plan, literalmente y utilizado con cierto sarcasmo, planta trepadora) para obligar a las dos alas de la casa a mantener un equilibrio, llegando incluso a plegarlas hábilmente para formar un rectángulo.*[6]

Esta opinión, reafirmada en la carta de Lutyens, choca en parte con la de uno de los primeros especialistas en Lutyens, Sir Lawrence Weaver, arquitecto y editor de la revista *Country Life* entre los años 1910 y 1916.

En el prólogo al libro *Houses and Gardens by E.L. Lutyens*, publicado cuando Lutyens tenía 44 años, Weaver hizo el siguiente análisis de la situación:

Un crítico extranjero decía hace poco tiempo que la arquitectura doméstica actual de Gran Bretaña no sólo es mejor que la de cualquier otro país sino que, además, es mejor que la de cualquier otra época histórica. Esta pretensión, que repetida por un crítico inglés sería considerada una falta de modestia, no lo es si proviene de un observador exterior. Como tal debe ser analizada objetivamente. La frase se limitaba exclusivamente a la arquitectura doméstica. En el extenso panorama de edificios públicos, en el desarrollo de la Grand Manner y en el planeamiento de ciudades, Gran Bretaña presenta un retraso deplorable. El acusado individualismo, que se expresa con tanta intensidad en los edificios domésticos, puede ser una desventaja para nosotros cuando nos enfrentamos con esquemas de tipo municipal o nacional. Desde ese punto de vista, nuestra arquitectura de la calle es, a menudo, la expresión confusa de eclecticismos que no guardan relación entre sí. La manera Palladiana se sitúa descaradamente al lado del gusto Tudor, y ambas se encuentran tan limitadas por las ordenanzas municipales y las necesidades comerciales, que pierden la vitalidad y sinceridad de los originales. Un masivo edificio público vestido de Renacimiento francés compite con otro que recuerda un palacio italiano. Los serenos alzados que han sobrevivido desde los días de Robert Adam y la Regencia Inglesa permanecen a la sombra de monumentales torres de un indescriptible clasicismo, torturado para satisfacer las demandas de los empresarios. Las tranquilas y regulares fachadas del siglo XVIII desaparecen con alarmante rapidez para dejar paso a un inquietante surtido de elementos en conflicto mutuo.

Volvamos entonces con alivio, acompañando al crítico extranjero, al lugar donde el gusto individual puede encontrar su justa expresión en un edificio, sin correr el riesgo de destruirlo con un contraste desafortunado: a la casa de campo. En esta dirección, la deuda que tiene el siglo XX con el siglo XIX y con los grandes arquitectos como Norman Shaw, Eden Nesfield, George Devey y Philip Webb, no puede ser más grande. Ellos encendieron la antorcha que hoy está siendo llevada por una nueva generación de arquitectos entre los que Lutyens ocupa un lugar muy especial. Su trabajo fue el de los pioneros. No sólo restablecieron los principios tradicionales del diseño doméstico, que habían estado ahogándose en los fervores del Revival Gótico, sino que, además, redescubrieron el uso correcto de los materiales. Como hombres de su tiempo, tuvieron que adecuar sus puntos de vista a la gran variedad de los nuevos problemas que surgían en la planificación y equipamiento de viviendas. El rápido aumento del estándar de confort demandaba de ellos un equipamiento tal que, si fuese imaginado por un arquitecto isabelino o georgiano, le dejaría paralizado... Estos aspectos no suelen ser considerados por el amateur o el doctrinario.

Volviendo entonces a la cuestión principal del diseño, lo más prudente es ver en cada estilo la lógica expresión de una generación determinada. Como herederos de una gran tradición de largo desarrollo, tenemos la libertad de buscar en siglos pasados la expresión arquitectónica que mejor represente nuestro punto de vista sobre la vida y las costumbres. Pero parece poco razonable elegir un momento de la historia y suponer para él una bondad esencial y una corrección de la que carecen otros. La corrección en el diseño moderno se muestra mejor en el prudente manejo de los motivos, en la asimilación de las esencias y en la claridad de expresión del punto de vista elegido. En la utilización de nuevas frases dentro de un mismo lenguaje. La arquitectura, de la misma manera que la literatura, no puede inventar un nuevo lenguaje. Así como un escritor moderno rechazará la imitación exacta de las formas isabelinas –aunque pueda buscar una expresión más rica y fuerte del espíritu de su tiempo en otro vocabulario algo diferente– el arquitecto deberá utilizar su destreza para resolver los nuevos problemas con materiales antiguos. Los mismos elementos le servirán para crear nuevas composiciones. Guiados por la tradición y estimulados por las nuevas necesidades para hacer de la nueva arquitectura algo más que una copia de la antigüedad, los arquitectos de hoy son dignos de su generación. Entre ellos hay muchos hombres de habilidad extraordinaria. Cada uno de ellos con su propio talento y carácter personal. Para unos resulta más atractiva alguna fase temprana de la construcción tradicional, por la simplicidad y la elasticidad de las plantas. Otros prefieren las restricciones del equilibrio y la simetría originadas en el Renacimiento. Mr. Lutyens ha conseguido realizar distintas maneras con el mismo éxito y por esta razón debe ser objeto de un estudio especial.[1]

Con estas palabras, Weaver situó a Lutyens entre los *pioneros* y herederos directos de Shaw, Nesfield y Webb. Y lo hizo a pesar de que, 10 años antes, Lutyens había declarado que el juego era Palladio. Los defensores de la arquitectura moderna, entre los que se encontraba Weaver, se encontraron en un apuro cuando advirtieron que los arquitectos más capacitados aplicaban esquemas clásicos y regulares a sus proyectos de grandes residencias. Weaver, tuvo que recurrir al eufemismo y admitió que Lutyens triunfaba, *con el mismo éxito, en varias maneras.* También Muthesius, como se ha indicado, dio a entender que su admirado Norman Shaw aceptó *el frío abrazo del clasicismo* porque derrochó y agotó todo su potencial creador en su plenitud profesional.

La coexistencia entre los modelos, sin embargo, fue valorada por algunos historiadores. Alastair Service, en su recopilación de textos sobre la arquitectura eduardiana, afirmó lo siguiente: *la atracción por la Grand Manner de muchos arquitectos y clientes se debió precisamente a que era considerado un estilo de raíces inglesas. Un estilo que unificaba la libre interpretación de los modos de principios del siglo XVIII, de Wren, Hawskmoor, Vanbrugh, Gibbs y Archer, con los requerimientos modernos, sin hacer de ello un problema de escuelas. Esto se adecuaba bien con las teorías de la época que suponían que un estilo moderno debía ser de origen nacional (como era el caso de baronal escocés o el Tudor) y que las antiguas reglas de la proporción no debían ser impuestas a las modernas estructuras. De la misma manera, los clientes, ya fueran políticos, funcionarios u hombres de negocios, se encontraban encantados porque sus edificios expresaban, además de una prosperidad evidente, cierta relación con la historia de su país.*[8]

En la misma línea se encuentra el diagnóstico realizado recientemente por Guido Zucconi:

El carácter de simplicidad, de solidez e intimidad de la casa podrá ser expresado indiferentemente en tono pintoresco, atendiendo a los modelos rurales de la arquitectura vernácula o en tono de comedida y noble dignidad, en cuyo caso, los modelos debían buscarse en la historia de la arquitectura culta... El recurso a los estilos del pasado no tuvo un sentido ecléctico, sino el de acercamiento a lo típico, a un código de normas estables consolidadas por la tradición: una suerte de antigua Sachlichkeit.[9]

La adopción del *elevado juego* de Palladio por parte de Lutyens implicaba un acercamiento a las formas inglesas tradicionales, a las formas de los grandes arquitectos del siglo XVIII y a las formas de su admirado Sir Christopher Wren.

Aceptar simultáneamente formas heredadas de la época medieval y las formas del clasicismo inglés no era necesariamente contradictorio, pues ambas formaban parte de la tradición. Ni Lutyens ni Shaw tuvieron inconveniente en volver a los lenguajes formales de sus primeros años de profesión cuando lo requería el encargo o el cliente. Este hecho, sin embargo, no es suficiente para explicar la complejidad de la obra de Nesfield, Shaw y Lutyens. Nikolaus Pevsner, en un artículo dedicado a Lutyens y publicado en la revista *Architectural Review* en el año 1951, apuntaba otra clave: el valor que concedían los ingleses al ingenio.

El título del artículo de Pevsner era muy significativo: *Building with wit*. Este título, que parecía un juego de palabras, no lo era. Significa, *construyendo con ingenio*. Pero un doble sentido, casi peyorativo, daba a entender que Lutyens construía sólo con ingenio. El fondo del artículo, como cabía esperar, era que la arquitectura de Lutyens, *petrificada por la fría y constante presión* (agarre o gripe, *grip*) del *Palladianismo*, mantenía su valor en Inglaterra porque manifestaba muy bien el ingenio inglés.

Pevsner necesitaba encontrar una explicación al hecho de que un gran arquitecto como Lutyens, reconocido en todos los ámbitos de la cultura inglesa, emplease en sus edificios y en una fecha tan tardía como 1928, las pilastras, columnas y basamentos... *que a mí particularmente, tanto me irritan... y que, cuando llegué a Inglaterra en el año 1930 me dieron una primera impresión de la obra de Lutyens tan desagradable.*[10]

Para justificar el empleo de estos elementos, Pevsner presentó a Lutyens como un eterno enfant terrible, como un arquitecto caprichoso del cual... *es imposible conocer la parte espontánea y la parte premeditada.* Un hombre, según Pevsner, al que sus amigos calificaron como *genial, caprichoso, desconcertante, irreverente y ocurrente, y también como agradable, irresponsable y bromista genial.*

Sus chistes, explicó Pevsner, eran continuos, y pasaban de los juegos de palabras más chocantes a los más brillantes momentos de genialidad. Aclaró que, en Inglaterra, la excentricidad era algo tan deseable en sociedad como la fuerza, la calma o la eficacia. La excentricidad, además, podía aplicarse a un campo tan profesional como la arquitectura, remató Pevsner: *uno puede entender que en los primeros años de profesión de Lutyens, los años del movimiento Arts & Crafts, del Art Nouveau y el cottage pintoresco, la excentricidad pudiera pasar por originalidad, que era la cualidad más deseable en aquella época. Pero después, cuando el Palladianismo Eduardiano y el Revival Clasicista sustituyeron al Art Nouveau y cuando Lutyens diseñaba en estos estilos aceptados, ¿cómo asumir que sus clientes no estuvieran enterados de sus detalles más excéntricos? La causa, pienso, es muy profunda y está relacionada con la fascinación de los británicos por las folies en arquitectura... Sir Edwin Lutyens fue, sin duda alguna, el más grande constructor de folies que ha existido en Inglaterra.*[11]

Pevsner daba en el clavo quizás sin proponérselo. La causa de que los clientes de Lutyens aceptasen sus excéntricos detalles era muy profunda y estaba relacionada con el gusto de los ingleses por las *folies*. Antes se ha señalado que el gusto por las formas ingeniosas resurgía en Inglaterra cuando la clase alta necesitaba adaptarse a una nueva situación. Los *devices* y las *folies* eran juegos formales ingeniosos sólo comprensibles para los iniciados, exhibiciones de ingenio realizadas por la clase alta para poner de manifiesto ante los demás su capacidad para resolver complejos problemas. Ocurrió a finales del siglo XVI, cuando las formas y los usos medievales se enfrentaron a los que llegaban desde el continente, y volvió a ocurrir a finales del siglo XIX, cuando las formas del clasicismo inglés se enfrentaron a las del modelo medieval idealizado.

La frase ingeniosa con doble sentido o con significados ocultos, las rimas y los lemas ingeniosos (el lema de Lutyens era la expresión, *vivimos midiendo*), los contrastes entre formas y las construcciones que trataban de integrar elementos contradictorios, forzaban y transgredían los significados consolidados por la tradición.

Sólo la clase alta, adecuadamente educada, era capaz de comprender, valorar e impulsar la evolución de las formas. La clase alta tenía que demostrar que disponía de claves para entender el sentido de las formas y los acontecimientos; tenía que demostrar, en definitiva, que el país debía continuar en sus manos.

Lutyens participaba de esta situación planteándose nuevos retos para su arquitectura, y lo hacía con la misma naturalidad que construía frases ingeniosas. El más importante de los retos fue integrar en una misma residencia los dos lenguajes relacionados con la construcción doméstica inglesa: el medieval y el clasicista. Incorporando a los anteriores el modelo medieval idealizado, podía dejar que la zona de servicio creciera libremente.

La última clave para comprender as contradicciones entre las afirmaciones de Lutyens y Voysey, se encuentra en las residencias de los arquitectos que se dedicaron a integrar los distintos modelos.

El orden parcial de las residencias del siglo XIX

Se suele aceptar que el giro hacia el clasicismo de los arquitectos pioneros ingleses se produjo al final de sus carreras profesionales y entre la última década del siglo XIX y los primeros años del XX. Pero existen numerosas pruebas que lo desmienten. Eden Nesfield, por ejemplo, en el año 1865, cuando tenía 31 años y aún compartía el Estudio con su amigo Norman Shaw, proyectó una gran residencia, Kinmel Park, en la cual recuperaba el lenguaje de Christopher Wren. Esta residencia representaba el contrapunto de Cloverley Hall, proyectada por Nesfield 2 años antes y que parece, al menos en planta, una *planta trepadora*.

Cloverley Hall reinterpretaba la tradición vernácula de la casa de campo según el modelo idealizado y proponía una estructuración libre y aditiva de las piezas. Pero también aceptaba partes del tipo medieval, como el porche de acceso, el *screen passage*, el pasaje central a las cocinas y el gran *hall* que articulaba las piezas de servicio con las familiares.

Cloverley es el paradigma del *rambling plan*. No obstante, el porche de acceso, el *screen passage*, el *hall* y el pasaje a las cocinas se encuentran en la posición tradicional. En Cloverley, por lo tanto, coexisten el modelo medieval idealizado, libre y aditivo, y el modelo real fundamentado en el tipo del siglo XIV.

Kinmel Park es muy diferente. El aspecto exterior de la zona familiar es completamente clasicista.

J. M. Brydon, en el año 1897, justificó esta veleidad de su amigo Nesfield con las siguientes palabras: *Cloverley es más doméstico que monumental, y aunque fue el resultado de un trabajo muy personal, su*

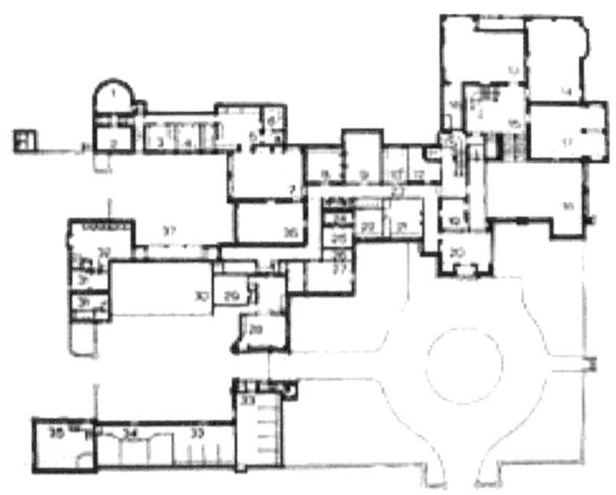

Eden Nesfield. Cloverley Hall. (1863).
Planta baja y vista desde el noroeste.

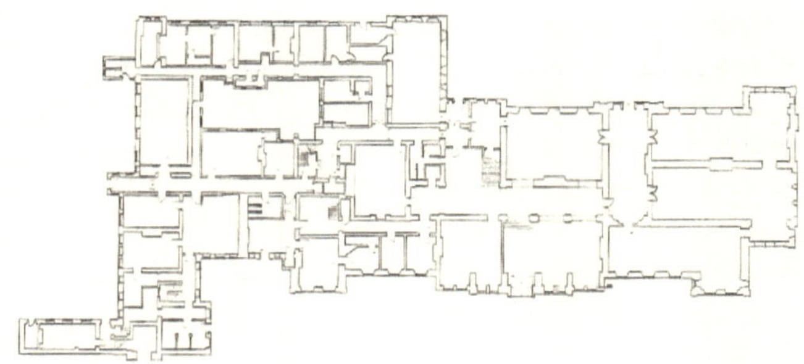

Eden Nesfield. Kinmel Park. (1865).
Fachada principal y planta baja.

principal encanto reside en su carácter indudablemente nacional... cuando Cloverley se encontraba en construcción, Nesfield comenzó a diseñar su Casa Inglesa Clásica en Kinmel Park, de manera que los dos estilos discurrieron paralelamente, como si estuvieran en su mente al mismo tiempo.[12]

Kinmel era la ampliación de una residencia existente, pero la intervención de Nesfield fue de tal importancia, recordó Brydon, *que el lugar se transformó en un pequeño Hampton Court,* (se refería a la ampliación de Wren); *de hecho, el entusiasmo de Nesfield por este clasicismo resucitado, del que fue pionero, le hizo apasionarse hasta tal punto que el primer diseño para Kinmel resultó demasiado caro y, muy a su pesar, tuvo que reducirlo y empezar de nuevo.*[13]

Pero Kinmel no es tan diferente de Cloverley como sugiere su aspecto. La planta de Kinmel se podría hacer compatible con los alzados de Cloverley y sus grandes ventanales de reja.

En ambas residencias, además, se encuentran soluciones compositivas ensayadas en siglos anteriores. La planta de Kinmel, por ejemplo, repite la integración de simetrías parciales en un único conjunto y la coordinación interior de dos ejes de simetría exteriores desplazados, ensayadas en Beauford House. Puesto que Nesfield aprovechó la irregular residencia anterior para configurar la nueva zona de servicio, las fachadas anterior y posterior del nuevo conjunto no pudieron coincidir.

Las simetrías de las nuevas fachadas, al igual que en las residencias del siglo XVI, tampoco se ajustan a la distribución interior. En la fachada principal, el *hall* queda a un lado del acceso y es mucho mayor que el *smoking room* del otro lado. En la fachada posterior, las dos grandes piezas de uno de los lados, el *drawing room* y el *ball room*, tampoco se corresponden con la forma del comedor y la escalera del lado opuesto. No obstante, el recurso a piezas de articulación, como la capilla, permitió unir la parte antigua con la nueva.

Por todo ello, Kinmel puede compararse con las experiencias isabelinas que superpusieron una envolvente exterior compuesta por simetrías parciales a una distribución interior irregular. Este tipo de experiencias nunca dejaron de realizarse en Inglaterra, incluso en los edificios más representativos. John Soane, por ejemplo, proyectó las fachadas del Banco de Inglaterra como una envolvente autónoma que permitió compatibilizar numerosas simetrías parciales y ocultar las irregularidades interiores consecuencia de las sucesivas ampliaciones realizadas a lo largo de más de 40 años.

Kinmel no es lo que parece desde el exterior; no es una *Residencia Inglesa Clásica*, como había manifestado Brydon, sino una residencia que recuperaba experiencias realizadas varios siglos antes en Inglaterra.

Las diferencias entre las plantas de Cloverley y Kinmel también son de un orden distinto al que se puede apreciar a primera vista. La planta de Cloverley, que seguía el modelo idealizado, no tenía un antecedente real en la arquitectura de siglos anteriores. La planta de Kinmel sí, aunque parece la menos inglesa. Lo significativo, en cualquier caso, es que Nesfield no encontró contradicción alguna en desarrollar a la vez dos residencias de aspectos muy diferentes, pues ambas continuaban las tradiciones que existían en Inglaterra.

Richard Norman Shaw. Greenham Lodge.
(1878). Planta baja.

Los mismos problemas se encuentran en algunas residencias de
Shaw. Por ejemplo, en Greenham Lodge, proyectada en el año 1878, y
en Alderbrook, proyectada un año después, aunque el orden se invier-
te, pues la primera puede compararse con experiencias realizadas en
el XVI, y la segunda responde al modelo medieval idealizado.

Greenham Lodge se compone de dos grandes bloques; uno residencial
y estructurado en forma de "H" y otro de servicios, irregular, añadido
al anterior en un lateral. Mantiene las características del modelo
medieval real, según fueron reinterpretadas en algunas residencias en
forma de "H" del siglo XVI, como Doddington o Wimbledon. Pero la
incorporación de un bloque de servicio irregular en uno de los lados
de la residencia repetía la experiencia de Kinmel y, lejanamente, la
experiencia de Hengrave Hall.

El bloque de servicios de Greenham se adosó a la residencia 2 años
después de que fuera construida. Pero el que se aceptara esta posibilidad indica que la tradición de separar la zona de servicio de la zona
familiar estaba muy viva en Inglaterra.

La colisión del bloque de servicio y el bloque familiar representaba,
además, la colisión entre los distintos modelos existentes en Inglaterra.
El bloque de servicio, por un lado, respondía al modelo idealizado, libre

R. Norman Shaw. Alderbrook. (1879).
Plantas bajas de las dos primeras propuestas
y plantas baja y alta de la tercera propuesta.
(Ilust. de Andrew Saint).

y aditivo. El bloque residencial, por el otro, respondía a la posibilidad de conjugar el modelo regular clasicista con el tipo medieval del siglo XIV, es decir, con el *screen passage*, el gran *hall* y el pasaje a las cocinas. (La escalera y la chimenea situada al fondo del *hall* refuerzan en Greenham el eje interior que conectaba el *dais* con la zona de servicio).

Si Shaw intentó integrar en Greenham todos los modelos disponibles, en Alderbrook recurrió al modelo medieval idealizado. Según Andrew Saint, *la estructura de la planta baja de Alderbrook se basa en un simple principio racional: organizar las líneas de comunicación según los dos ejes definidos por el* hall, *disponiendo alrededor de esta pieza, hasta donde llegaba el presupuesto, una serie centrífuga de piezas entrelazas. ...Las casas de campo anteriores se apoyaban claramente en la simetría... rechazando la horrible complejidad propuesta por* **Kerr**.[14]

Dispuesto a abordar la complejidad de una planta libre y aditiva, Shaw realizó varias propuestas para Alderbrook.

En la primera, el *hall* es un pequeño vestíbulo sin vistas, extrañamente alargado en la dirección del acceso. En la segunda soluciona parcialmente el problema del *hall* al ampliar su tamaño, disponerlo en un lado del acceso y abrirlo lateralmente al exterior para permitir una buena iluminación. En la tercera, el *hall* mantiene las características anteriores y la zona de servicios aumenta su superficie. Las tres propuestas respondían al modelo medieval idealizado e ignoraban, a diferencia de Greenham, el tipo medieval del siglo XIV.

Shaw, al parecer, tampoco encontró ninguna contradicción en adoptar simultáneamente, en varias residencias, los distintos modelos que le proporcionaba la tradición. El problema no era ser clásico o medieval, era ser inglés.

Cabe preguntarse si Nesfield y Shaw imponían un estilo determinado a sus residencias en función del aspecto exterior que demandaban los clientes.

Andrew Saint comentó al respecto lo siguiente: hay una leyenda, seguramente difundida por Voysey, que dice que Norman Shaw, cuando salía a comer, se vestía con una camisa blanca de puños extralargos; cuando surgía la conversación Shaw podía mostrar a los ricos caballeros que compartían su mesa lo inadecuado de su residencia actual, comparándola con la imagen de una nueva residencia, que Shaw dibujaba esquemáticamente en el puño de su camisa.[15]

Si esta leyenda es cierta, cabe suponer que Shaw decidía el aspecto exterior de las residencias en función de las necesidades de representación de sus clientes y no de la planta. Saint, de hecho, se preguntó si el aspecto exterior de las residencias de Shaw era anterior al diseño de la planta. La respuesta, concluyó, es un no rotundo. Los alzados y las plantas los solía realizar a la vez. Y continuaba: he sugerido que la flexibilidad era la razón por la que Shaw eligió el Old English Stile, una flexibilidad tanto en planta como en alzado. Añadir un *bay* aquí, trasladar un hueco hacia un lado u otro, adelantar el porche o cambiar las proporciones del *hall*, eran problemas insuperables para el estilo Palladiano, difíciles para el Pintoresco Italiano o el Gótico fuertemente articulado, y sencillos para el Old English Stile, con su vocabulario sencillo y aditivo. En este hecho radica la soltura de Shaw.[16]

En esta explicación Saint sólo tuvo en cuenta uno de los modelos: el Old English Stile, que no era otro que el idealizado modelo medieval aditivo empleado por Nesfield en Cloverley y por Shaw en Alderbrook. Pero es difícil entender Kinmel, Greenham, Chesters o Bryanston sin recurrir al resto de los modelos. La complejidad compositiva, las tensiones y anomalías que se produjeron en estas residencias procedían de usarlos simultáneamente.

El orden clasicista podía conjugarse tanto con el tipo medieval como con el modelo ideal aditivo (Old English Stile o English Free Stile) para resolver las complejas necesidades del caballero victoriano. Sólo hacía falta ingenio, decisión y desenvoltura.

El caso de Lutyens

R.N. Shaw fue para Lutyens el modelo de un gran arquitecto. Extrovertido, con influencia sobre gran número de discípulos, un gran estudio y numerosos encargos, era la antítesis de Webb y los arquitectos de la English Free School, con sus pequeños estudios dedicados a pequeños encargos. Esta admiración condujo a Lutyens a alquilar el antiguo Estudio de Shaw en el 29 de Bloomsbury Square.[17]

Peter Inskip en, Lutyens Houses.

Lutyens proyectaba sus residencias con un doble objetivo. Desde el punto de vista formal, procuraba aplicar e integrar los distintos modelos de orden que existían en Inglaterra, ya estuvieran fundamentados en las tradiciones medieval y clasicista, o fueran imaginarios. Desde el punto de vista funcional, procuraba articular las distintas piezas y zonas de la residencia para conseguir conjugar la intimidad y el confort de familia y los invitados con la eficacia y discreción del servicio, en especial, durante las fiestas que los señores solían celebrar en sus casas los fines de semana.

La sala de recepciones, el *hall* o un segundo vestíbulo, por ejemplo, podía incorporar la escalera a los dormitorios de la planta alta de manera que comunicara e independizara a la vez las estancias (el comedor, la sala de estar, la de invitados y la sala de juegos) y las piezas de servicio. Una vez que Lutyens encontró el esquema de distribución interior que resolvía satisfactoriamente las necesidades de sus clientes, pudo trasladarlo a otros proyectos y adecuarlo a distintos estilos.

En los últimos años de la década del 90, Lutyens comenzó a realizar ensayos para hacer compatible su esquema de distribución interior con los dos modelos de orden aplicados a las residencias por Nesfield y Shaw: el modelo basado en la simetría exterior y el modelo libre y aditivo. Tigbourne Court, proyectada en 1899, fue el resultado de aquella operación.

Tiene una fachada principal simétrica, escasamente articulada y con algún detalle clasicista aislado, que fue pensada como una especie de escenario para integrar las piezas de servicio, situadas en uno de los lados, con la estancia familiar, situada en el otro. La forma de "U" de la fachada principal se transfigura hábilmente en el interior para poder reunir en torno a un segundo vestíbulo el resto de las estancias de la residencia.

En la fachada principal, los espacios se estrechan según el eje de simetría hacia el porche de acceso. Detrás del porche se encuentra el primer vestíbulo, interrumpido por la escalera hacia la planta superior. El visitante debe girar 90°, como en Wollaton, para dirigirse al segundo vestíbulo. Si se dirigiera hacia el lado opuesto entraría en la zona de servicio.

El segundo vestíbulo, denominado *hall* por convención, se sitúa a un lado del eje y es el verdadero distribuidor. Desde él parte la escalera que conduce hacia las estancias de la planta superior. Alrededor de este *hall* se sitúan las estancias familiares formando un conjunto irregular, oculto tras la regularidad de la fachada principal.

El ingenio de Lutyens, en este caso, consiguió conciliar la simetría de la fachada principal con una compleja distribución interior y una parte posterior asimétrica que responde al modelo medieval idealizado, libre, aditivo y pintoresco. Esta disposición de las piezas es comparable a la que Shaw ensayó en Alderbrook, pues el *hall* de ambas residencias es sólo un distribuidor desplazado del eje de acceso, y las estancias, dispuestas libremente a su alrededor, configuran los volúmenes de la residencia de acuerdo con el modelo aditivo.

La disposición de las piezas y la posición de la escalera de Tigbourne, obstruyendo la entrada, ha sido justificada por Inskip con curiosos argumentos. Según Inskip, aunque Lutyens prefería las formas simétricas (?) y las plantas en forma de "H" con acceso desde el norte, la necesidad de orientar las piezas de estancia hacia el sur-oeste y la consecuente orientación noreste de las piezas de servicio, a veces producía un esquema asimétrico... Cuando la aproximación desde el norte no era posible –y éste era el caso de Tigbourne–, Lutyens desarrolló una variante en planta para que la simetría del alzado oeste anticipase las habitaciones de recepción que existían detrás. La planta, entonces, fue arreglada para recuperar la orientación sur en la zona central conduciendo al visitante a un segundo hall en el eje norte-sur.[18]

Según Inskip, la dirección transversal de la escalera estaba condicionada por la reorientación de la zona central de la residencia hacia el eje norte-sur. El piso superior era entonces independiente del vestíbulo de acceso y se organizaba en función del alzado sur.

Los argumentos de Inskip tienen cierta lógica, pero ignoran que la dirección perpendicular al eje de acceso era, desde el siglo XIV, la dirección que articulaba las piezas de la residencia; en particular, la zona familiar y la zona de servicio. Así lo entendió Shaw 20 años antes, trasladándolo a las residencias Alderbrook y Greenham, en las cuales la escalera ocupa la posición del antiguo pasaje a las cocinas. La escalera de Tigbourne no hacía más que recuperar esa dirección. Gracias a ella, el vestíbulo de acceso interrumpe la secuencia espacial del eje de acceso y fuerza un giro de 90° comparable al que los visitantes de las residencias medievales debían realizar en el *screen passage* para entrar en el *hall*.

Una prueba de que Lutyens sabía muy bien lo que hacía es que, 7 años después de proyectar Tigbourne, proyectó Heathcote, una residencia regular hacia el exterior pero con una compleja distribución interior parecida a la de Tigbourne Court, aunque la escalera se encuentra en un lado y el vestíbulo se interrumpe con la parte trasera de la chimenea del salón.

El aspecto exterior de las dos residencias es muy diferente. Mientras Tigbourne carece de cualquier articulación mural en las fachadas,

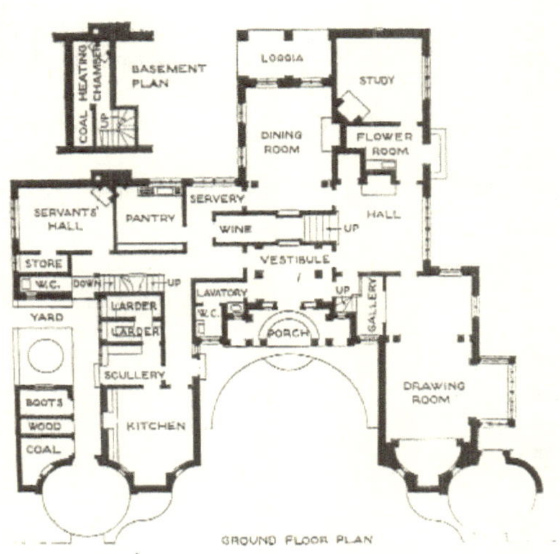

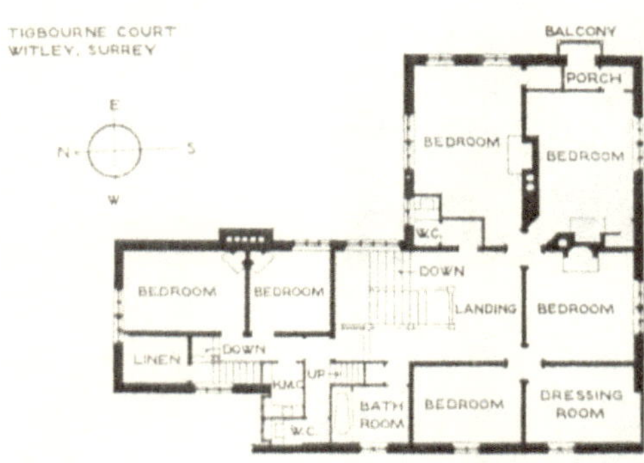

Edwin Lutyens. Tigbourne Court. (1899).
Plantas de acceso y primera.

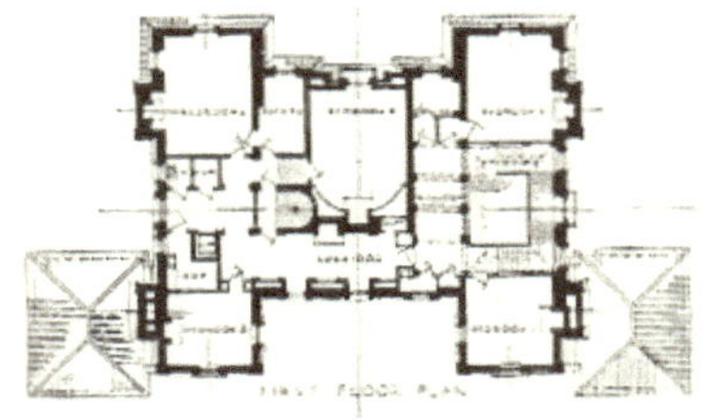

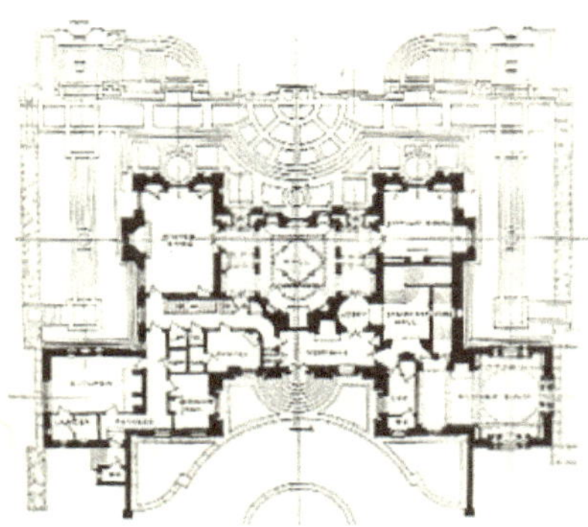

Edwin Lutyens. Heathcote.
(1906). Plantas primera y
baja y vistas de las
fachadas de acceso y hacia
el jardín.

Heathcote es el resultado del elevado juego de Palladio, mientras Tigbourne tiene dos caras, una simétrica y otra libre, Heathcote sólo tiene una, la clasicista. Ambas, sin embargo, presentan una distribución interior parecida y recuperan el eje de simetría de la fachada en el salón situado detrás del vestíbulo.

Heathcote está orientada según el eje norte-sur y, a pesar de los razonables argumentos de Inskip, presenta un eje interior perpendicular al de acceso. Heathcote tiene forma de "H". La parte central, perpendicular al eje de acceso, conecta los brazos. Las piezas de servicio ocupan parte de uno de los brazos pero, al igual que ocurría en Wollaton Hall, el eje de acceso se quiebra bruscamente y reaparece en la parte posterior, en el salón principal y en la fachada trasera.

Para un arquitecto continental, habría sido mucho más sencillo conectar el vestíbulo con el hall abriendo un hueco en el eje. Esto fue lo que hicieron los ingleses en Wollaton, desvirtuando la residencia. Pero Lutyens, aunque jugase el juego de Palladio, no ignoraba el importante papel del eje transversal en las residencias tradicionales.

Peter Inskip olvidó un factor fundamental al sugerir que Lutyens interrumpía en movimiento en el eje de acceso para reajustar sus casas a una orientación sur, para incrementar los tamaños de las piezas introduciendo complicados esquemas de circulación y para dividir la casa en zonas asociadas con el patio de acceso y el jardín posterior. Los complicados esquemas de circulación y la interrupción del eje de acceso no eran una experiencia nueva en la arquitectura inglesa.

Estos recursos compositivos, la colisión entre el orden exterior y la irregularidad de la distribución interior, la situación de la escalera interrumpiendo el eje de acceso y la disposición de un pasaje en "Z" hacia el salón principal, llegaron a los Estados Unidos, siendo utilizados, por ejemplo, por Frank Lloyd Wright en la casa Baldwin (1905) y por Robert Stern en las residencias de King Point y Lawson construidas a finales de los años 70.

Otras residencias de Lutyens confirman que era muy consciente de que las casas de campo inglesas se habían ordenado en el pasado según dos ejes ortogonales: el de acceso y el que conecta la zona residencial con la zona de servicio.

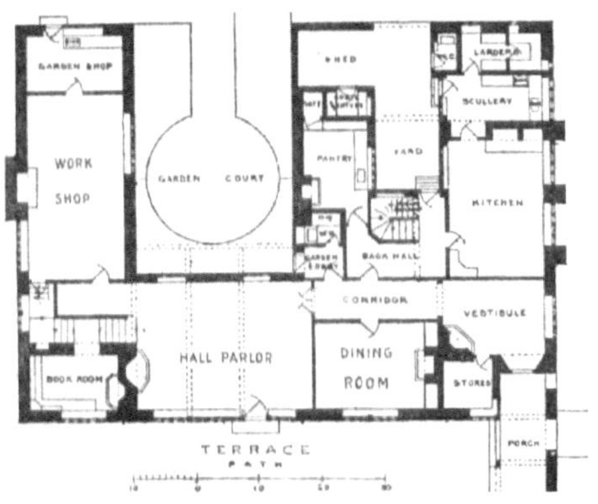
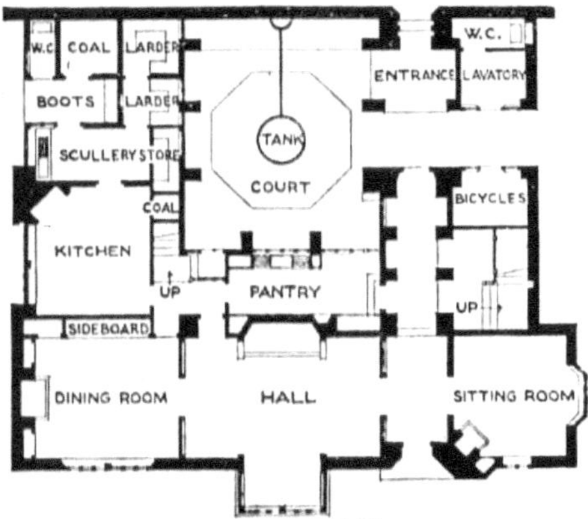

Edwin Lutyens. Plantas bajas y vistas de
Munstead Wood (1896) y Deanery Garden (C. 1900).

Munstead Wood, construida en el año 1896 para la diseñadora de jardines Gertrude Jekyll, y Deanery Garden, construida alrededor del año 1900 para el propietario de la revista *Country Life*, Edward Hudson, ambas en forma de "U", muestran la habilidad de Lutyens para conjugar los dos ejes y ordenar las zonas de la residencia.

La tradición de las *folies*

Lutyens, en el año 1901, realizó una visita a la residencia Chesters proyectada por Shaw. Impresionado por su fachada curva, aplicó esta misma solución a la fachada del proyecto que tenía entre manos; Grey Walls.

La fachada curva de Grey Walls acoge al visitante, pero choca con la configuración de la zona familiar, también en forma de "H". Las principales estancias se estructuran en forma de "H" y la curva de la fachada es tangente a uno de sus brazos.

Se podría pensar, observando la planta, que el nuevo juego de Lutyens estaba destinado al fracaso. Pero el aspecto externo de la casa lo niega. La continuidad del ladrillo de la fachada hace que el montaje pase desapercibido.

Mientras en la planta las partes colisionan sin apenas articulación, la fachada vuelve a convertirse en un gran escenario que oculta las piezas de servicio y la ordenación en forma de "H" de la zona familiar. Pues la fachada curva tiene detrás, curiosamente, la zona de servicio.

Grey Walls, en definitiva, es otro montaje de modelos en el límite de la coherencia. Al igual que Tigbourne Court y Heathcote, presenta una fachada regular que esconde lo que ocurre detrás. Este tipo de juegos, que podrían ser calificados como manieristas en cuanto afirman y niegan a la vez dos realidades diferentes, eran muy apreciados por Lutyens. También se pueden detectar en otras residencias inmediatamente posteriores.

Marshcourt y Little Thakeham, por ejemplo, además de recuperar la posición del *hall* tradicional y situar la zona de servicio a un lado de la "H" presentan contrastes y ambigüedades entre el tratamiento de los exteriores y los interiores. Estas residencias, como las anteriores,

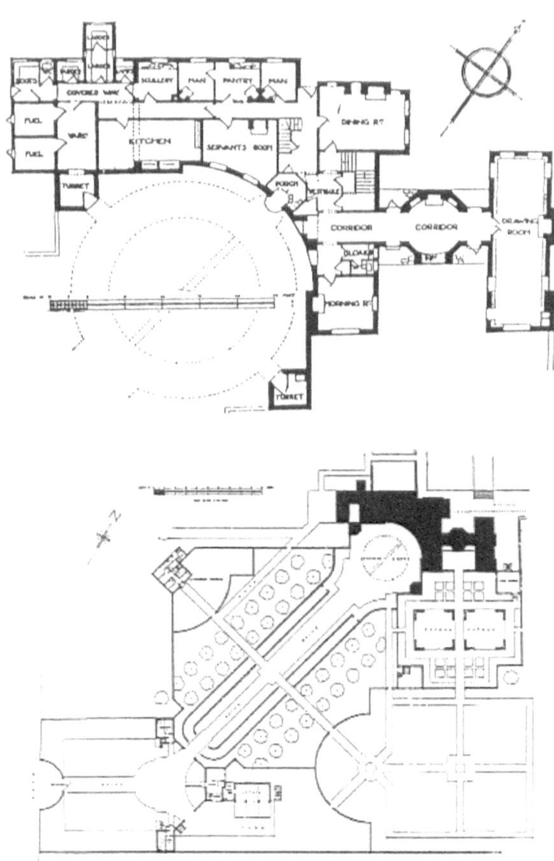

Edwin Lutyens. Grey Walls. (1901). Vista, planta de
acceso y plano de situación. (De L. Weaver).

continuaban las experiencias de Nesfield, en Kinmel y de Shaw, en Greenham Lodge.

Marshcourt, como Kinmel y Beauford, presenta desplazados los ejes de las fachadas anterior y posterior. De nuevo, unos pasajes en forma de "Z" los conectan.

Little Thakeham, como Greenham Lodge, presenta las piezas de servicio adosadas a un lado de la zona familiar. Además reaparece el tradicional hall de doble altura y el eje de simetría de la fachada principal se recupera en la fachada posterior.

Las residencias de Lutyens son cajas de sorpresas. El recorrido con vistas hacia el *hall* que ofrece la escalera de Little Thakeham es un acontecimiento de gran intensidad dramática. Los balcones de reja metálica y los remates de los huecos interiores convierten al *hall* en un lugar extraño e inquietante que parece un exterior.

Little Thakeham parece medieval desde el exterior. Los sencillos volúmenes, la ausencia total de decoración y las fachadas y las ventanas producen esta impresión. Pero su aspecto medieval choca con la simetría. Traspasado el umbral, además, aparece un mundo muy diferente, complementario al anterior, caracterizado por detalles clasicistas, miradores interiores y espacios con distintas alturas. Estos golpes de efecto tenían la finalidad de sorprender al visitante, lo cual había sido habitual durante el período isabelino. La sorpresa que producía una recepción en el *hall* de Little Thakeham podría compararse con la que producía un banquet en las cubiertas de Longleat.

Un año después de proyectar Little Thakeham, Lutyens proyectó Papillon Hall, una residencia en forma de "X". Quizás su objetivo fue demostrarse que era capaz de resolver problemas más complejos que las residencias en forma de "H" o de "U". De paso demostrar que podía ser tan ingenioso como Shaw.

La planta en "X" implicaba un grado más de regularidad puesto que añadía la centralidad y requería de un nuevo eje transversal para organizar simétricamente las fachadas laterales. Hacía un año que Lutyens había conocido Chesters, en la cual Shaw había resuelto el problema a pesar de las complejas penetraciones entre la "X" y el bloque

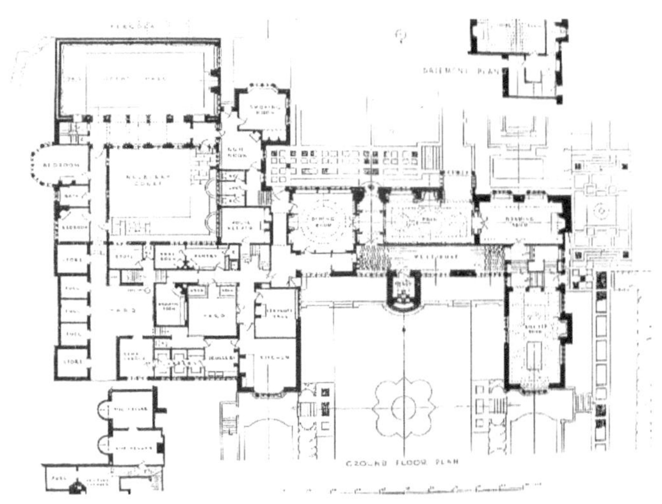

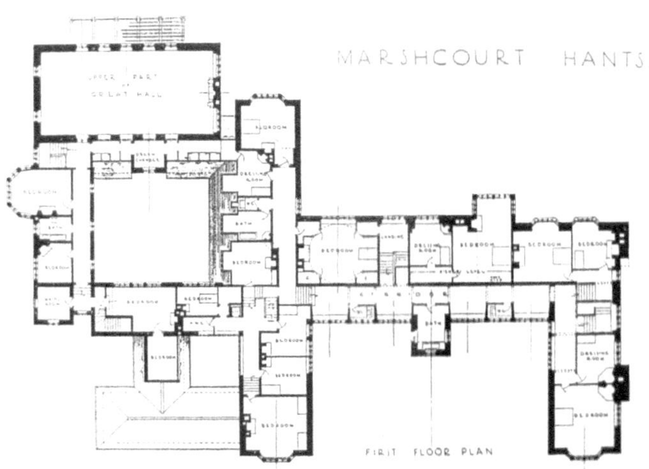

Edwin Lutyens. Marhscourt. (1901).
Plantas baja y primera (De Butler).

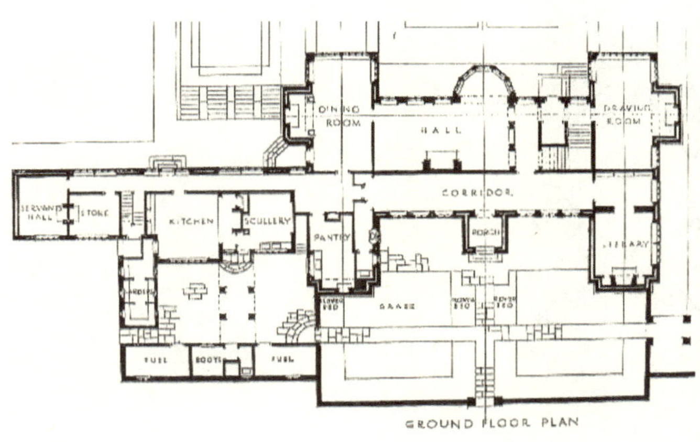

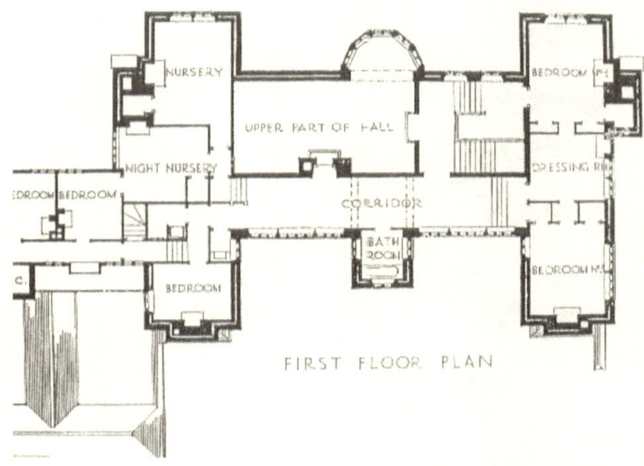

Edwin Lutyens. Little Thakeham. (1902).
Plantas baja y primera. (Ilustración de Butler).

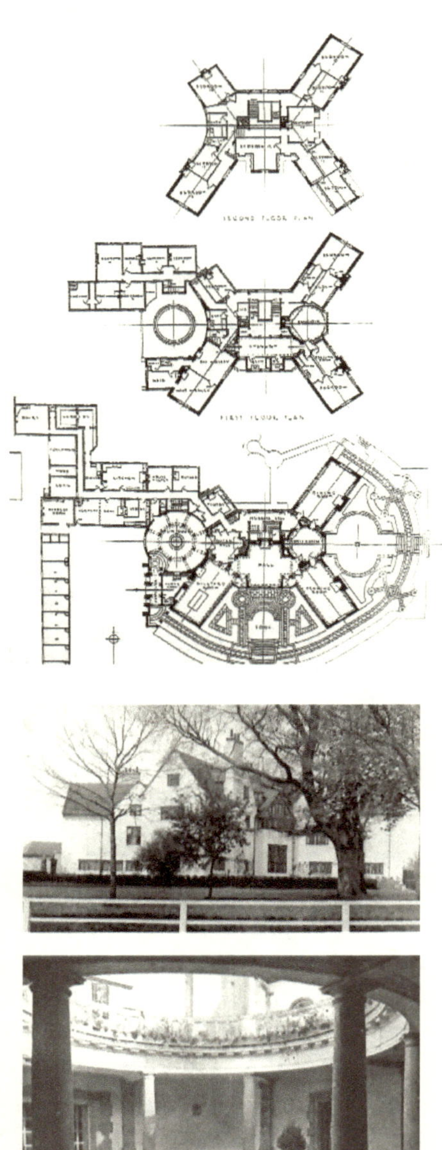

Edwin Lutyens. Papillon Hall.
(1902-1903. Demolida en el año 1951).

de servicio y a pesar de que las simetrías parciales en forma de "U" distorsionaban el conjunto.

Un patio de acceso circular sirve para articular los distintos bloques de Papillon Hall, pero su forzosa situación lateral obliga a que el acceso, en lugar de realizarse por el eje de simetría de la "X" (como en Chesters) se realice por un lateral y a través de un estrecho vestíbulo interpuesto.

Al igual que Heathcote y Little Thakeham, esta residencia pretendía provocar la sorpresa del visitante. Desde el exterior parecía una casa de campo tradicional, mientras en el interior, la regularidad del patio y los detalles clasicistas construían un mundo ajeno al imaginado desde afuera. Los ejes de simetría exteriores, además, no correspondían con los accesos de la residencia. El acceso principal se encontraba oculto en un lateral, en la zona de servicio, y la fachada lateral se confundía fácilmente con la principal.

La planta en "X" era un reto para los arquitectos ingleses más imaginativos; era un problema difícil de resolver pues la regularidad de la "X" se debía conciliar con el irregular bloque de servicios. Era necesario mucho ingenio para articular una zona de servicio irregular con un bloque residencial regular.

Edward Prior, que trabajó ocasionalmente con Shaw en los años en que diseñó Chesters, intentó algo parecido en The Barn; una pequeña residencia construida en 1897, después de varios años de ensayos sobre el papel. También Edgar Wood ensayó una residencia similar.

En resumen, los contrastes entre las formas medievales y las clasicistas, los choques entre distribuciones irregulares y envolventes regulares, entre la zona de servicio y la zona familiar, los giros y las bruscas transiciones espaciales, las promenades y las sorpresas, recuerdan los juegos formales ingeniosos que se ensayaron en el siglo XVI para conseguir actualizar las residencias. Papillon Hall, al igual que las residencias centralizadas de finales del siglo XVI, era también un *device*. Pevsner tenía razón al calificar a Lutyens como, el más grande constructor de folies de toda Inglaterra.[19]

Aunque Palladio era el juego, Palladio no era el único juego. La arquitectura de Lutyens era un juego mucho más amplio que pasaba por encima de los estilos y las ideologías.

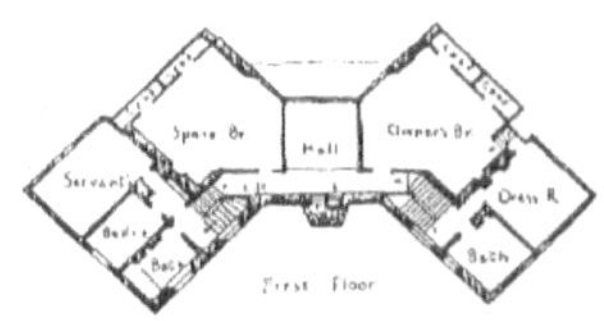

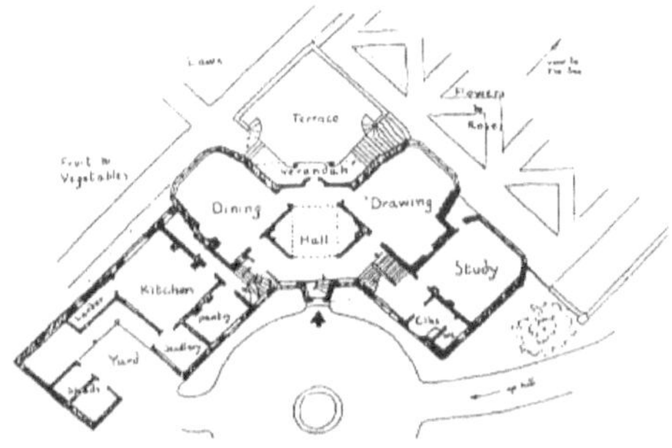

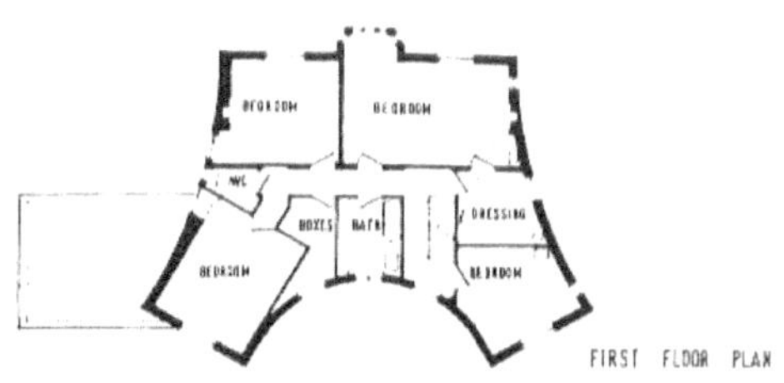

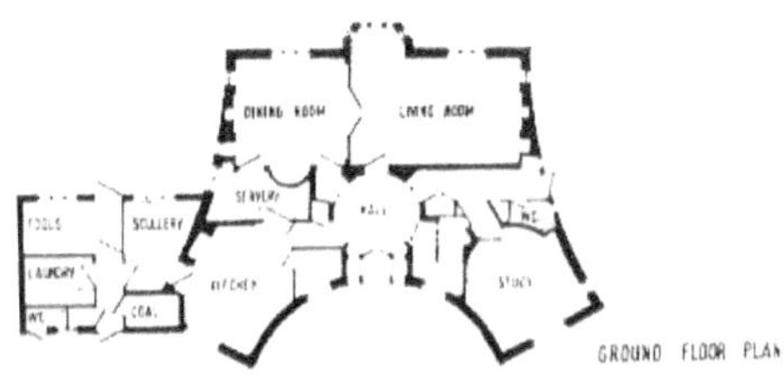

Edward Prior. The Barn. (1897).
Edgar Wood. Royd House. (1914-1916).

Cada nueva residencia planteaba nuevos problemas que se trataban de resolver en un conjunto autónomo caracterizado por una fuerte tensión entre sus elementos. Los modelos que proporcionaban las tradiciones medieval y clasicista, ya fuesen reales o idealizados, eran modelos disponibles que se podían integrar en un mismo edificio si se proyectaba con ingenio. La funcionalidad se daba por supuesta.

Nesfield, Shaw y Lutyens lo entendieron así y no tuvieron inconveniente en adecuar los lenguajes formales a los requerimientos del encargo y el cliente.

Otros, como Voysey, siguieron confiando hasta el final en que la arquitectura moderna debía ser la consecuencia necesaria de los planteamientos ideológicos aceptados por Ruskin, Pugin, Morris y Webb, y posteriormente reconsiderados por Muthesius y Pevsner.

Alimentado por todos ellos, el mito de la casa libre y funcional se sigue recreando.

NOTAS

[1] *It is not our aim to overthrow the aristocracy; we are ready to leave the goverment and high offices in their hands... let them govern, but let them be fit to govern.*
Girouard, Mark. *Life in the English Country House. A social and architectural history.* Yale University Press. New Haven and Londres, 1984 (1978). Pág. 270.

[2] *The idea which underlies all is simply this. The family constitute one community; the servants another. Whatever may be their mutual regard and confidence as dwellers under the same roof, each class is entitled to shut its door upon the other and be alone.*
Kerr, Robert. *The Gentleman's House or How to plan English Residences.* Ed. John Murray. Londres 1865. Pág. 68.

[3] Girouard, Mark. Op. cit. Págs. 306-307.

[4] *In architecture Palladio is the game. It is so big. Few appreciate it now and it requires considerable training to value and realice it. The way Wren handled it was marvellous. Shaw has the gift. To the average man it is dry bones, but under de mind of a Wren it glows and the stiff material becomes as plastic as clay... It is a game that never deceives. Dodges never disguise. It means hard thought all through. If it is laboured it fails. There is no fluke that helps it and the very (what one might call the) machinery of it make...*
Lutyens, Edwin. Carta escrita en 1903 a su amigo Herbert Baker, publicada por Butler A.S.G. en, *The Domestic Architecture of Sir Edwin Lutyens.* Ed. Country life. Londres, 1950. Otros fragmentos de la misma carta se encuentran traducidos al español en el libro de John Summerson, *El lenguaje clásico de la arquitectura.* Ed. GG. Barcelona, 1974 (1963). Pág 34.

[5] *...it became generally understood that Gothic was a broad principle and did not depend on the imitation of familiar Gothic detail. It was a system of designing from within outwards, in contrast to the Classic, which was designing from without inwards. In other words, the Gothic architect would allow practical requirements of accommodation, plan, aspect and prospect to govern his elevations, while the Classic architect thought first of his facade. Symmetry and balance were tyrannical laws to him... The period when Norman Shaw was in full practice was certainly more Gothic than Classic... But very soon after Shaw's time the Classicism of the Georgian type became fashionable and corrupted even the Great Lutyens.*
Voysey C.F.A. Revista *Architectural Review*, 1931. Reproducido por Alastair Service en *Edwardian Architecture and its origins.* Architectural Press, 1975. Págs. 157-160.

[6] Butler, A.S.G. *Op. cit.* Introducción al capítulo titulado *"El aumento de la simetría en el diseño de Lutyens".*

[7] Weaver, Lawrence. *Houses and Gardens* by E.L. Lutyens. Antique Collector's Club. Londres, 1985 (1913).

[8] Service, Alastair. *Edwardian Architecture and its origins*. Architectural Press, 1975. Págs. 303-304.

[9] Zucconi, Guido. Capítulo *"Dalla fase ercica alla standardizzazione: primi esiti dell'architettura domestica"*, del libro *Architettura domestica in Gran Bretagna 1890-1939*. (V.A.) Ed. Electa. Milán, 1982. Pág. 40.

[10] Pevsner, Nikolaus. *"Building with wit: the architecture of Sir Edwin Lutyens"*. *Architectural Review*, vol. 109. Abril, 1951. Págs. 217-225.

[11] *...the motive, I think, lies deeper. It is connected with the fascination wrought on the British more than any other race by the folly in architecture... Sir Edwin Lutyens was without any doubt the greatest folly builder England has ever seen.*
Pevsner, Nikolaus. *Op. cit.* Pág. 463.

[12] Brydon, J.M. *"Willian Eden Nesfield"*. *Architectural Review*, 1897. *Op. cit.* 8, págs. 27 a 38.

[13] Service, Alastair. *Op. cit.* Pág. 33.

[14] *...which reached horrendous complexity at Kerr's Bear Wood.*
Saint, Andrew. *Richard Norman Shaw*. Yae University Press. New Haven y Londres, 1983 (1976). Pág. 104.

[15] *There is a legend, conceivably put about by Voysey, that when N. Shaw went out to dinner, he would attire himself in a stiff white shirt with extra-long cuffs...*
Saint, Andrew. *Op. cit.* Pág. 98-100.

[16] Saint, Andrew. *Op. cit.* Pág. 100.

[17] *For Lutyens, Shaw provided the model of the great architect. Extrovert, with considerable influence through a large number of pupils, a big office and a prolific out put, he was the antithesis of Webb or the English Free School architects with their small offices executing domestic comissions.*
Inskip, Peter. *"Lutyens' Houses"*. Architectural Monographs, N° 6; Academy ed. Londres, 1979. Pág. 11.

[18] Inskip, Peter. *Ibíd*, Pág. 13.

[19] Pevsner, Nikolaus. *Op. cit.* Pág. 463.